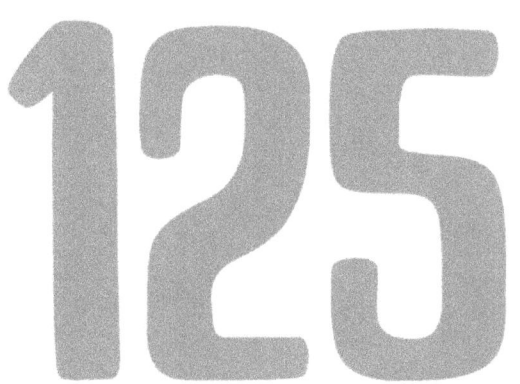

125
PLANES CON TU
pareja

MEJORES IDEAS Y RETOS PARA DOS

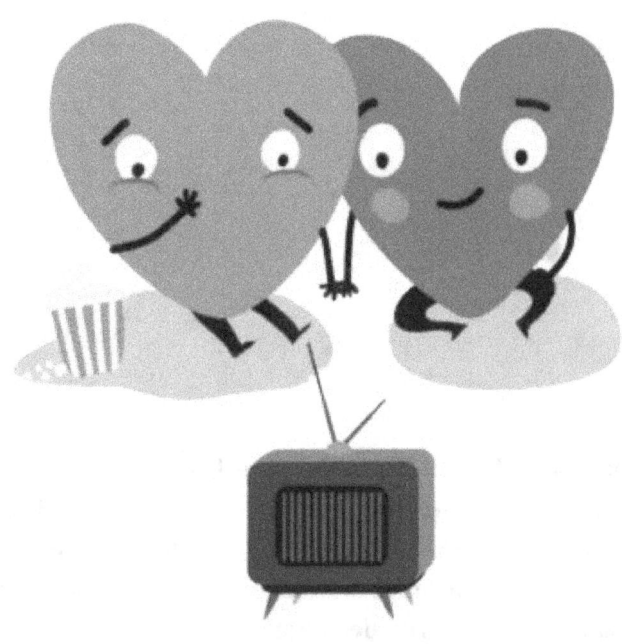

¿PODRÁS ESCAPAR DE ESTE LIBRO?

Imagina que llegas a casa y te encuentras a tu pareja con alguien.
¿Te engaña?
No. En realidad es un clon exactamente igual que tú. Debes demostrar a tu pareja que el otro es un impostor y recorrer en una máquina del tiempo juntos las distintas épocas resolviendo enigmas hasta desentrañar el misterio y regresar. Debes pasar por la Era de los dinosauros, Edad Antigua, Edad Media y por fin ... la última sorpresa.
¿Te atreves? (más información en el código QR)

BONO REGALO

¿Crees que conoces bien a tu pareja?
Sabes qué respondería ante un dilema moral?
Descúbrelo al final de libro con este bono de
REGALO DESCARGABLE

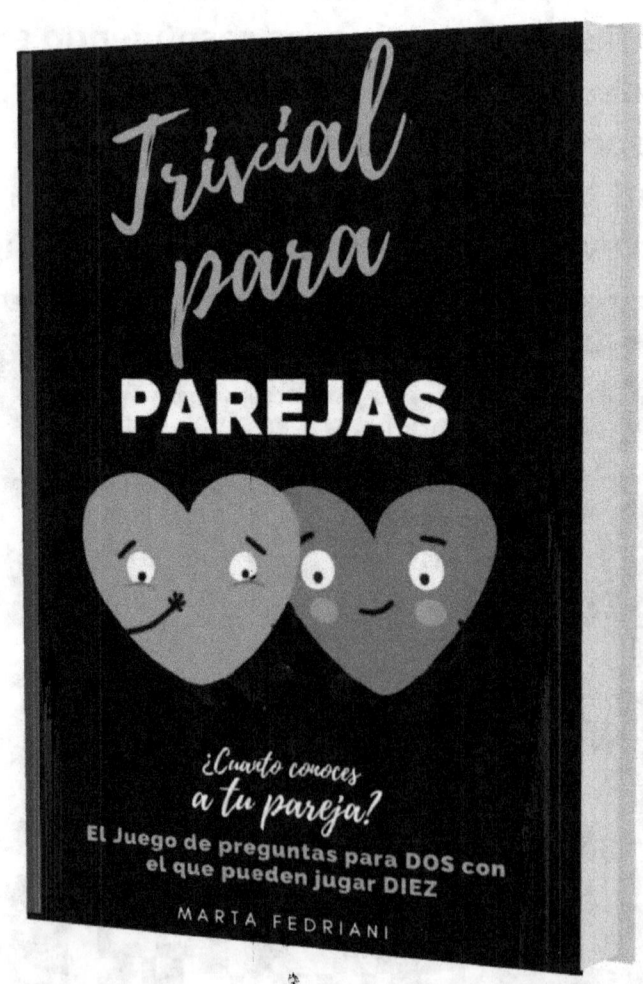

¿CÓMO USAR ESTE LIBRO?

Recuerda que la vida es corta y no hay tiempo que perder en una relación aburrida y monótona.

¡Usa este libro para inspirarte y crear momentos especiales con tu pareja!

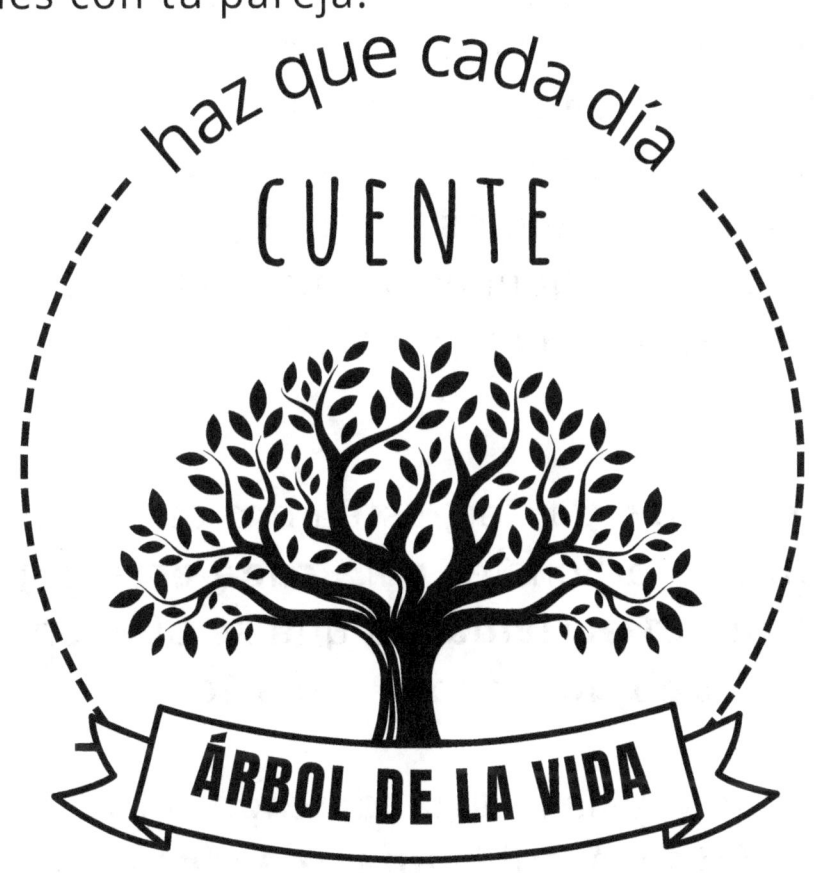

¿CÓMO USAR ESTE LIBRO?

"125 planes con tu pareja" es un libro indispensable para todas las parejas que buscan nuevas formas de divertirse y crear recuerdos juntos.

¿Te has sentido atrapado en una rutina aburrida y monótona en tu relación?

En este libro, encontrarás una amplia variedad de planes para todos los gustos. Desde planes sencillos, como cocinar una cena romántica juntos, hasta planes más aventureros, como hacer paracaidismo juntos. También incluimos algunos planes que no tienen costo, para aquellos momentos en los que el presupuesto es limitado.

Dividido en cinco partes, este libro ofrece 26 planes emocionantes y originales para **cada estación del año**, así como **21 actividades** que se pueden disfrutar en c**ualquier época del año**.

A medida que vayáis realizando cada reto, podéis **poner una foto** y escribir **una anécdota** y la fecha para registrar el recuerdo o **simplemente colorear** la actividad.

100

COSAS QUE HACER

Antes de morir

TODO LO QUE SIEMPRE HAS QUERIDO ESTÁ AL OTRO LADO DEL MIEDO

ÍNDICE DE CONTENIDO

- 1. Hacer un selfie al lado de un almendro en flor
- 2.Tour turístico en segway
- 3. Ir de compras a un mercado de pulgas (flea market)
- 4.Ir a un parque de animales en semi libertad y hacer la foto más original
- 5. Picnic en el campo o la playa
- 6. Ir a un espectáculo medieval
- 7. Pasar una noche en un hotel con encanto para celebrar san valentín
- 8. Subir a un funicular y hacer una foto en la cima de la montaña
- 9. Montar en camello,caballo o elefante
- 10. Excursión en barco por un río
- 11. Paseo en una bicicleta tandem
- 12. Aperitivo o comida en terraza con vista espectacular
- 13. Viajar en globo
- 14. Avistamiento de aves con prismáticos
- 15. Ir a un parque de dinosaurios
- 16. Participar en una fiesta de primavera

ÍNDICE DE CONTENIDO

ÍNDICE DE CONTENIDO

ÍNDICE DE CONTENIDO

ÍNDICE DE CONTENIDO

ÍNDICE DE CONTENIDO

- 1. Visitar un mercado navideño de una ciudad europea y comprar un recuerdo
- 2. Ir a un espectáculo de hipnosis
- 3. Bailar desnudos por San Valentín
- 4. Visitar a un belén viviente
- 5. Hacer un karaoke junto al árbol navideño para cantar villancicos
- 6. Hacer una búsqueda del tesoro con pistas para que tu pareja encuentre su regalo de Navidad
- 7. Cena romántica junto a una chimenea
- 8. Hacer una excursión en trineo tirado por perros o en moto nieve
- 9. Ir a un spa acristalado y bañarse contemplando el paisaje
- 10. Un masaje privado para dos
- 11. Ir a un museo de cera y hacer una foto divertida
- 12. Tomar un baño termal
- 13. Ir a una cabaña de invierno tomar un chocolate con churros mientras contemplas la nieve caer
- 14. Visita teatralizada por la Bodega Medieval

ÍNDICE DE CONTENIDO

ÍNDICE DE CONTENIDO

ÍNDICE DE CONTENIDO

Disfruta
Cada
Momento

26 PLANES

EN PRIMAVERA

con tu pareja

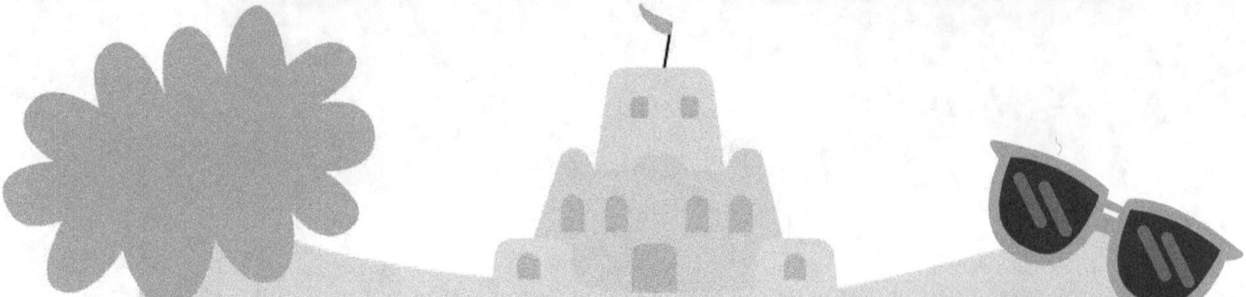

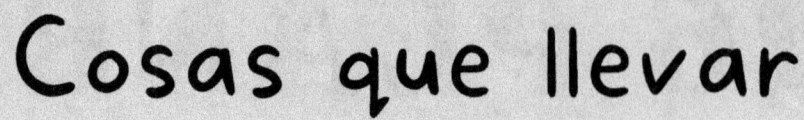

Cosas que llevar

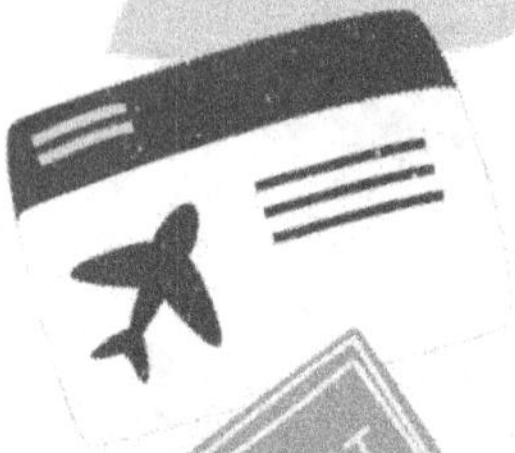

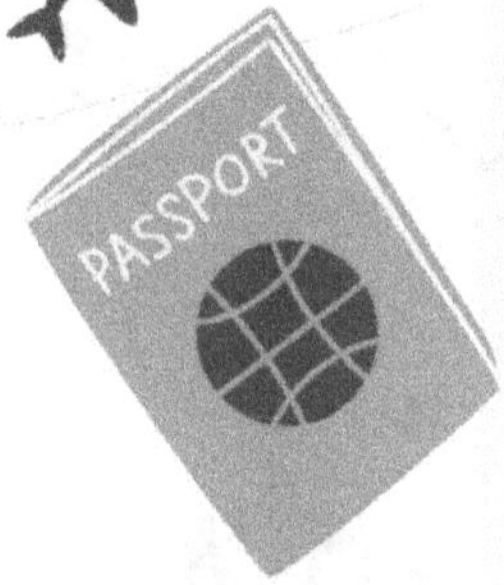

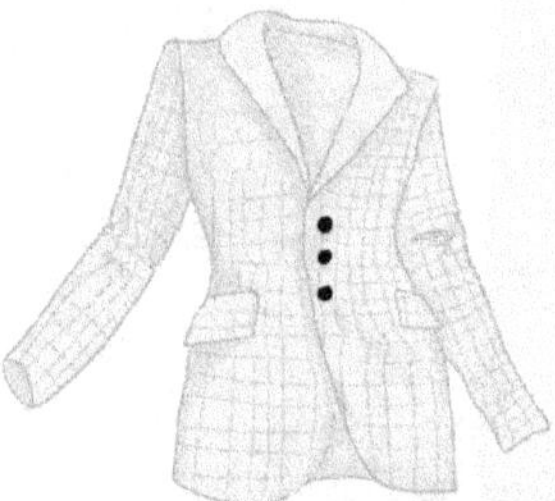

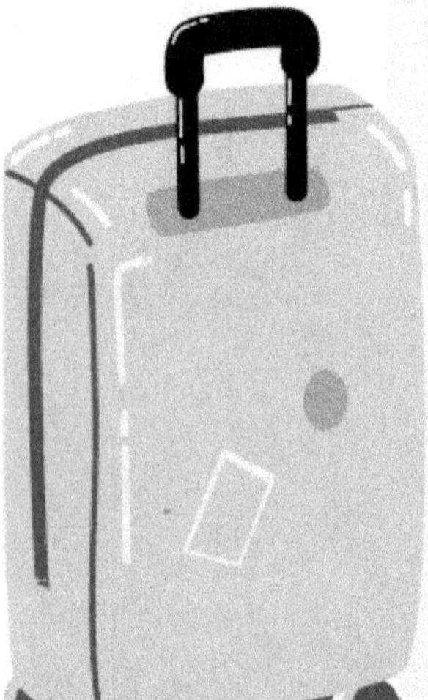

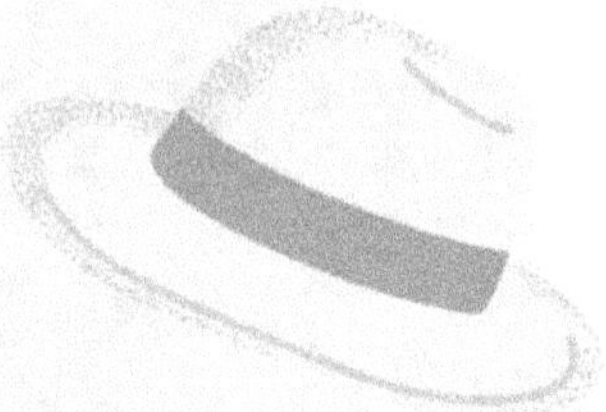

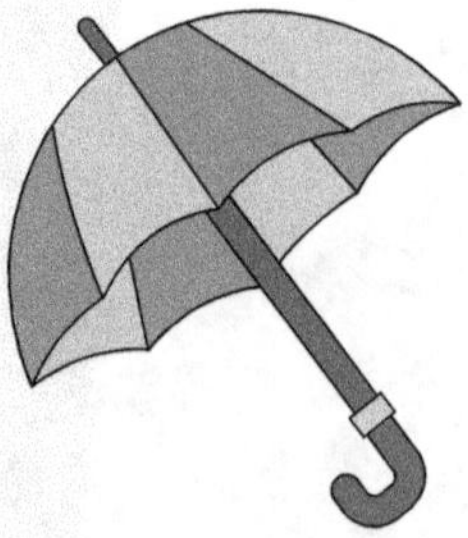

Cosas que llevar

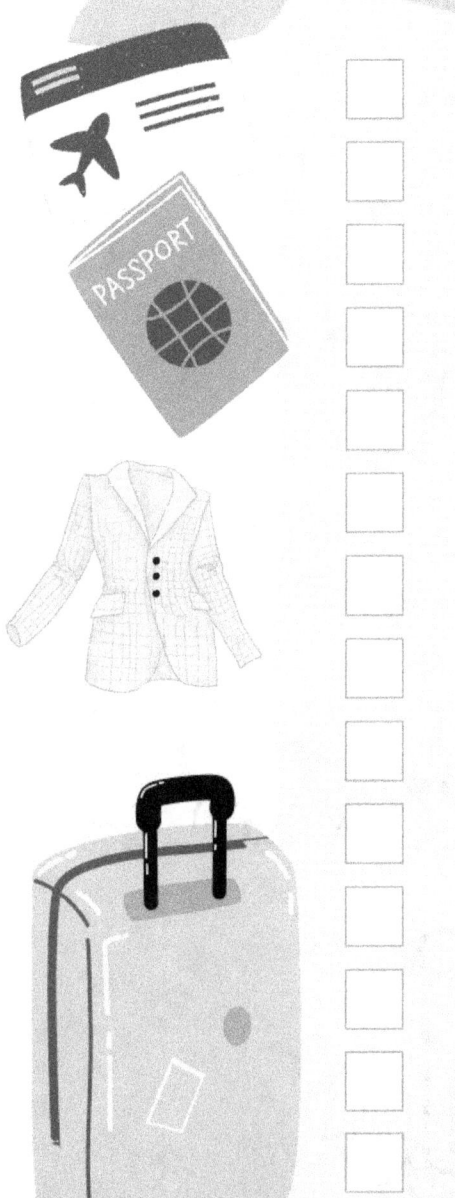

☐
☐
☐
☐
☐
☐
☐
☐
☐
☐
☐
☐
☐
☐
☐
☐

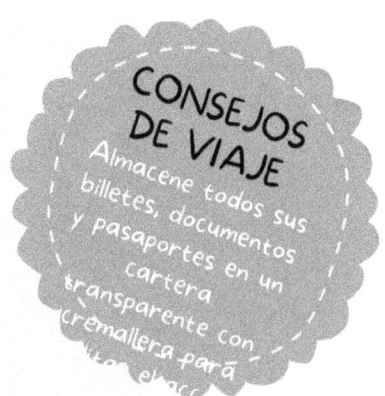

CONSEJOS DE VIAJE

Almacene todos sus billetes, documentos y pasaportes en un cartera transparente con cremallera para mantenerlos acce...

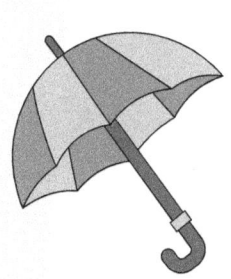

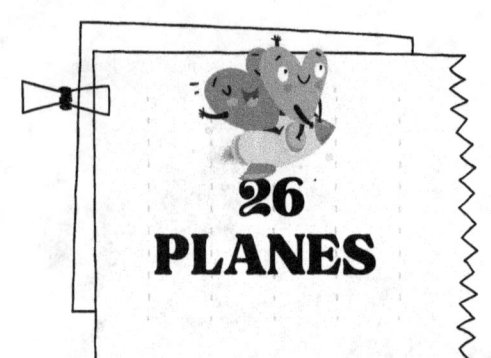

26 PLANES

PRIMAVERA
con tu pareja

1. Un selfie con un almendro en flor

2. Tour turístico en Segway

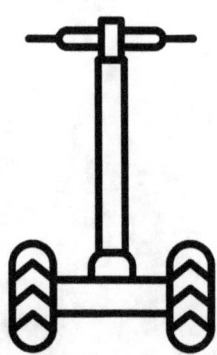

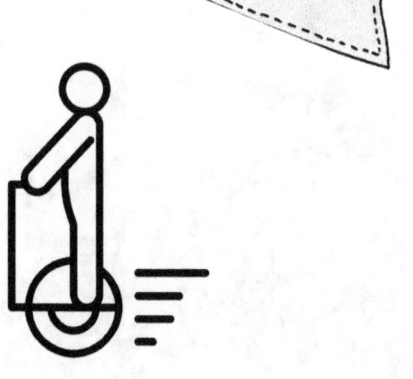

RETO

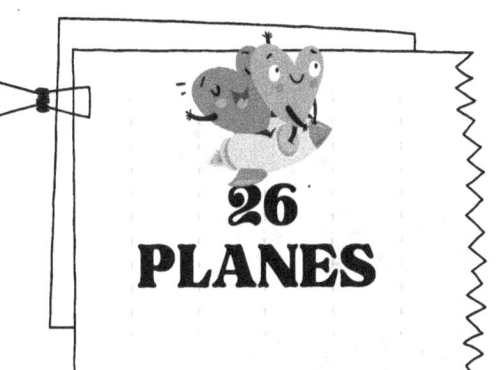

26 PLANES

PRIMAVERA
con tu pareja

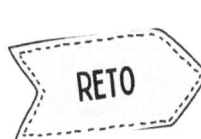
RETO

3. Ir de compras a un mercado de pulgas (flea market)

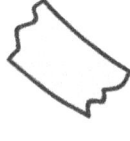

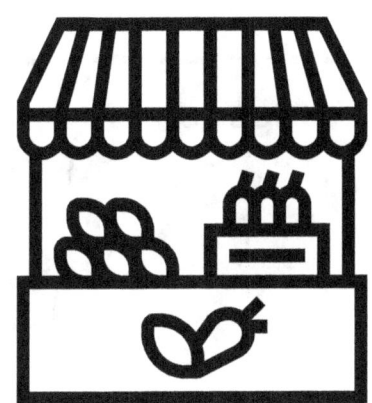

Notas

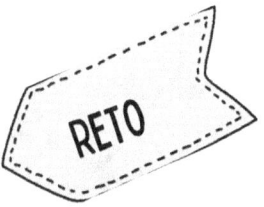

4. Ir a un lugar de animales en semi libertad y hacer una foto original

RETO

Notas

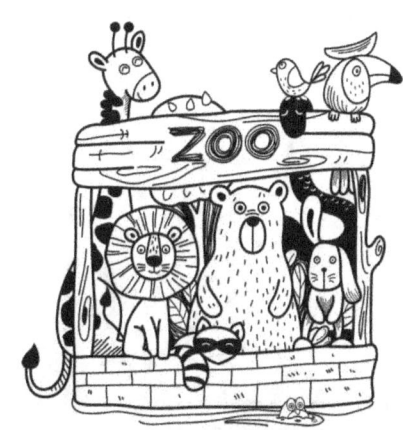

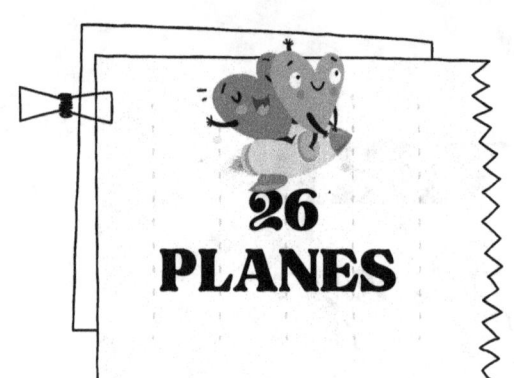

26 PLANES

PRIMAVERA
con tu pareja

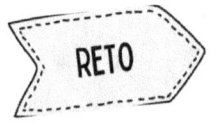RETO

5. Picnic en el campo o la playa

Foto

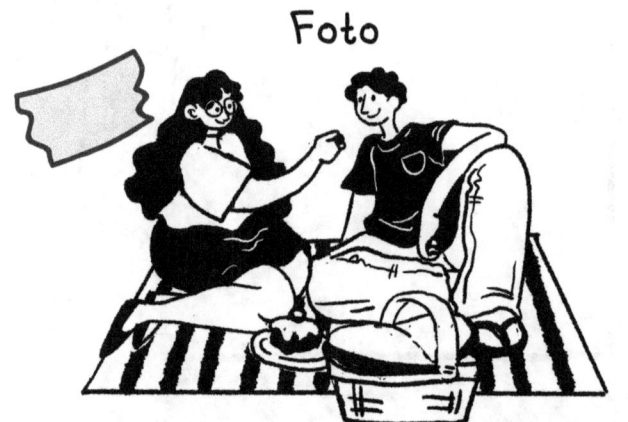

Notas

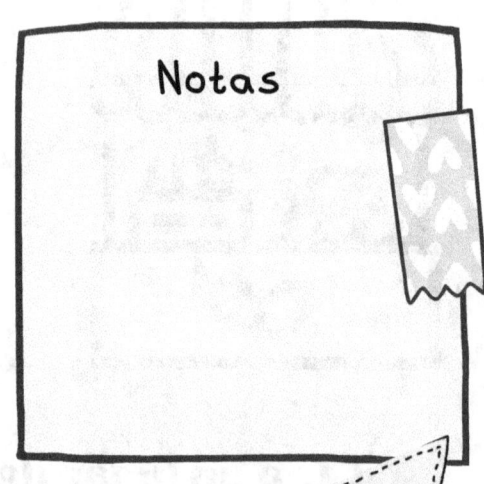

RETO

6. .Ir a un espectáculo medieval

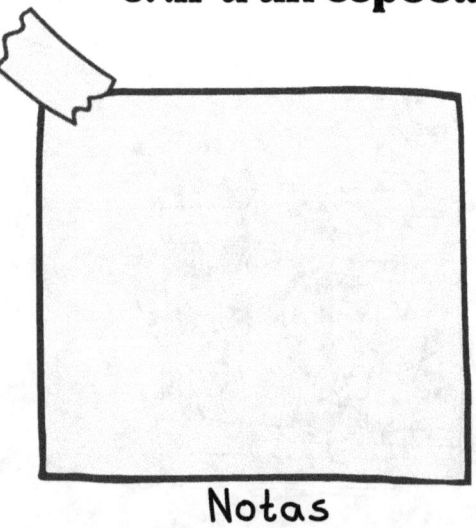

Notas

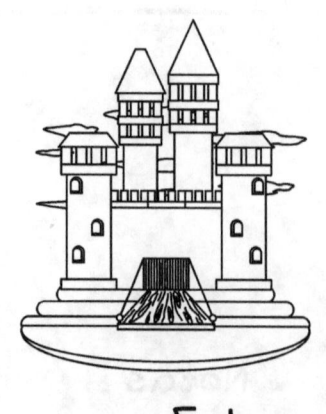

Foto

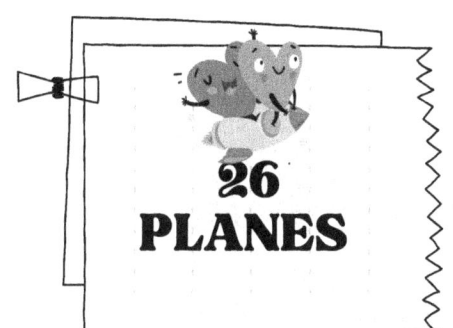

26 PLANES

PRIMAVERA
con tu pareja

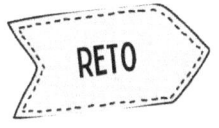 RETO

7. Casa rural u hotel con encanto

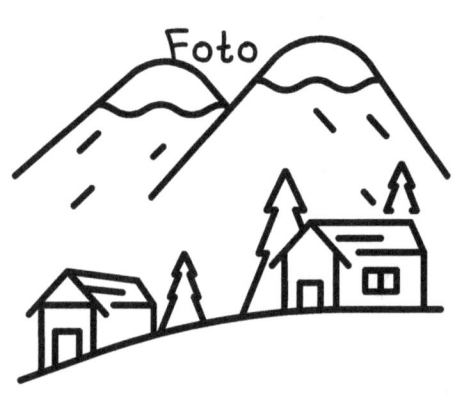

Foto

Notas

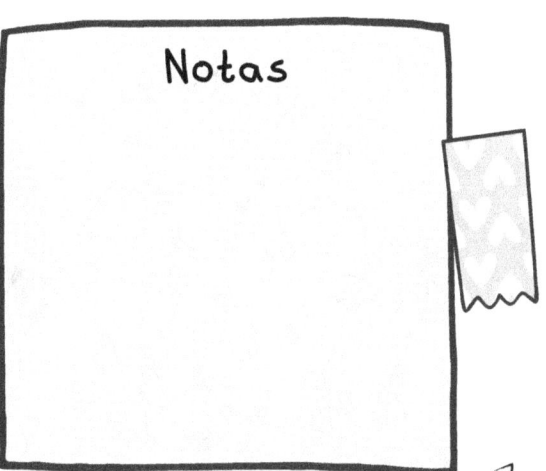

8. Subir a un funicular y hacer una foto en la cima de la montaña

RETO

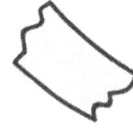

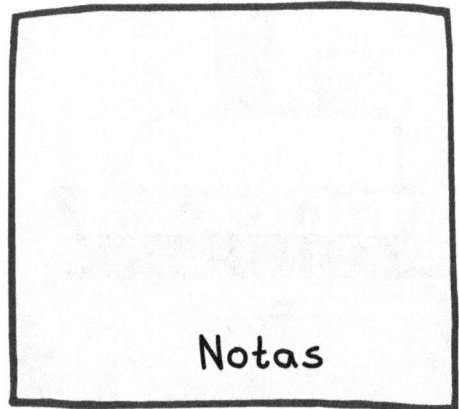

Notas

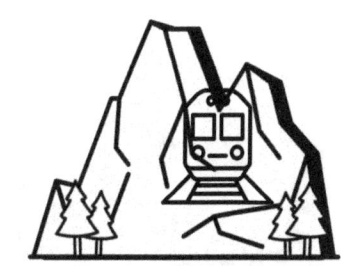

Foto

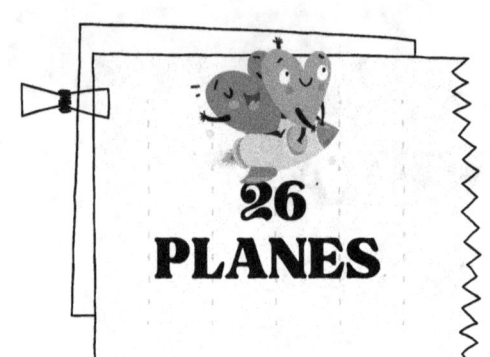

26 PLANES

PRIMAVERA
con tu pareja

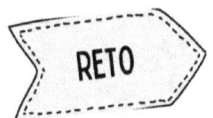
RETO

9. Montar en camello, caballo o elefante

Foto

Notas

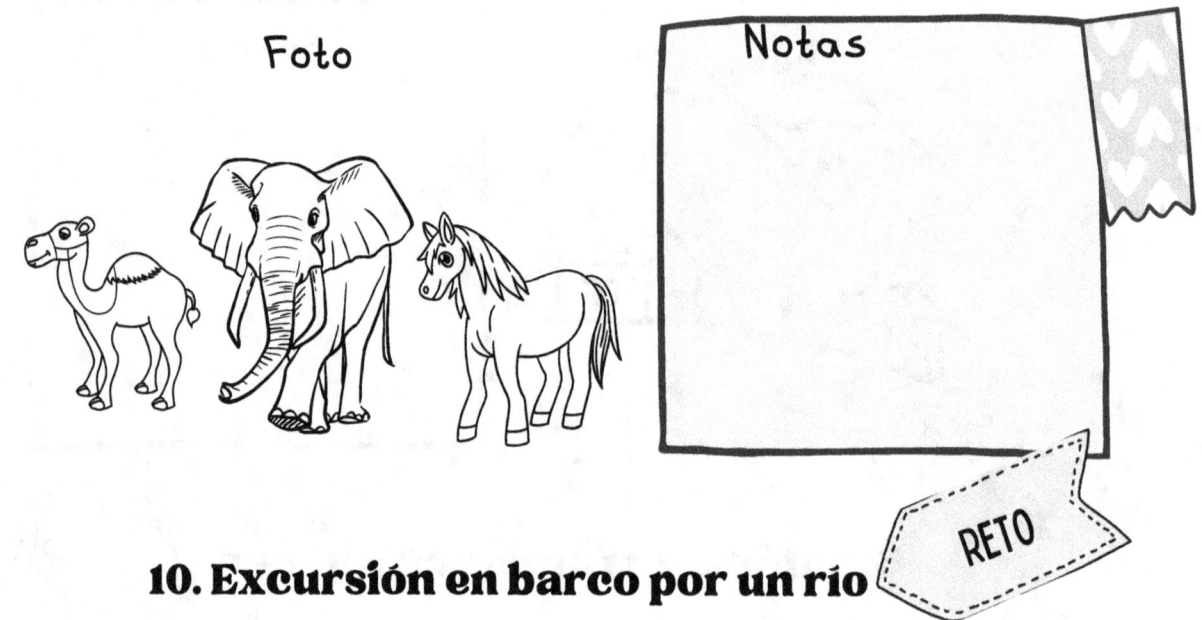

RETO

10. Excursión en barco por un río

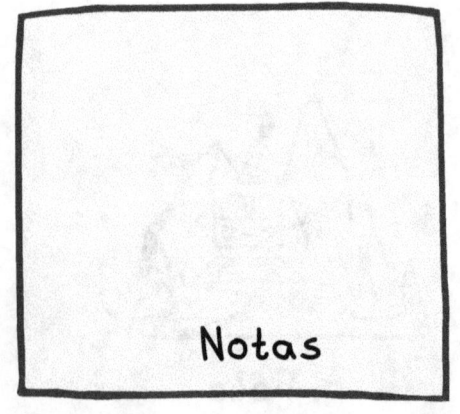

Notas

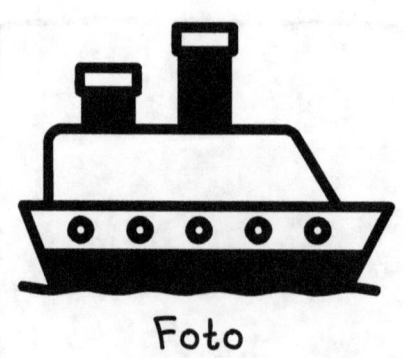

Foto

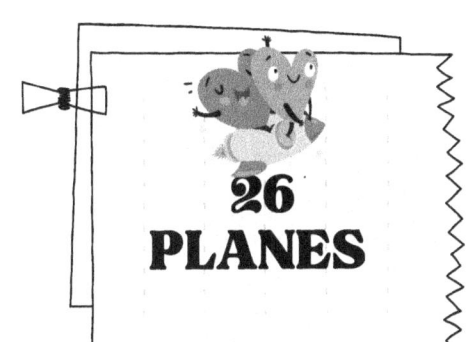

PRIMAVERA
con tu pareja

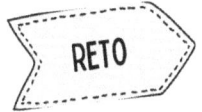
RETO

11. Paseo en una bicicleta tandem

Foto

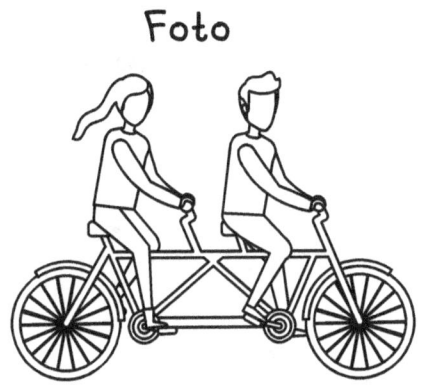

Notas

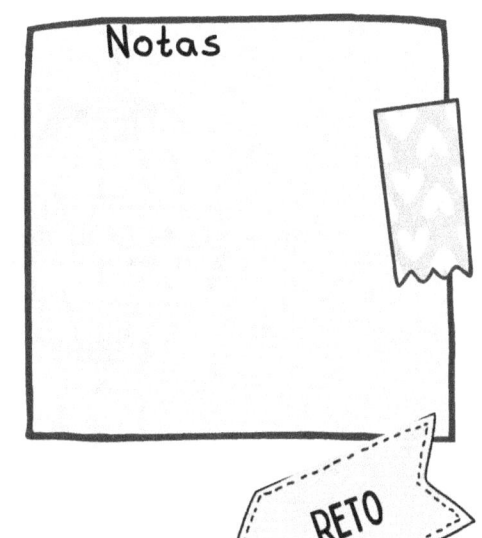

RETO

12. Aperitivo o comida en terraza con vista espectacular

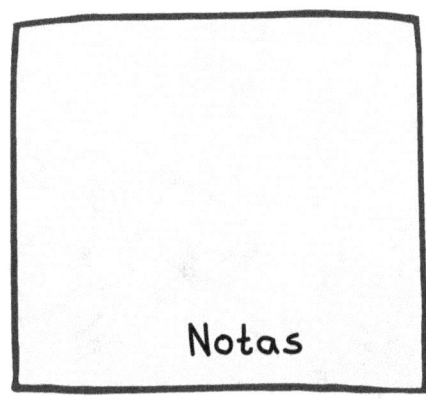

Notas

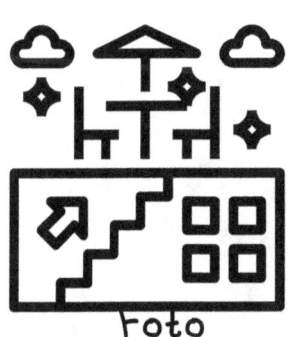

Foto

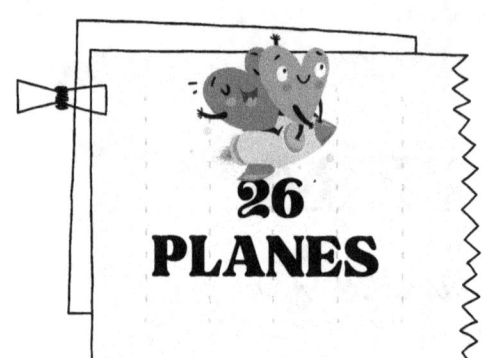

26 PLANES

PRIMAVERA
con tu pareja

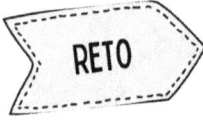
RETO

13. Viajar en globo

Foto

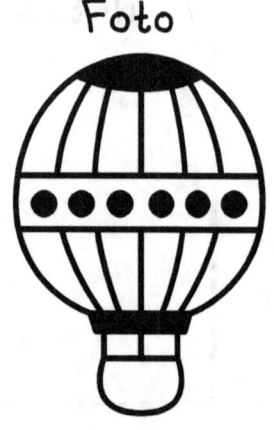

Notas

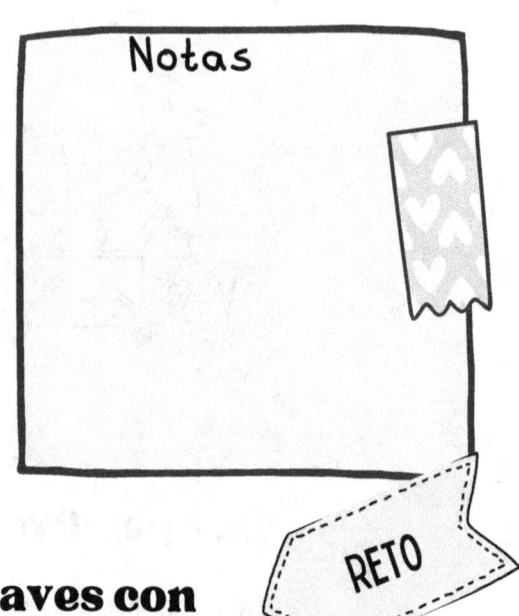

RETO

14. Avistamiento de aves con prismáticos

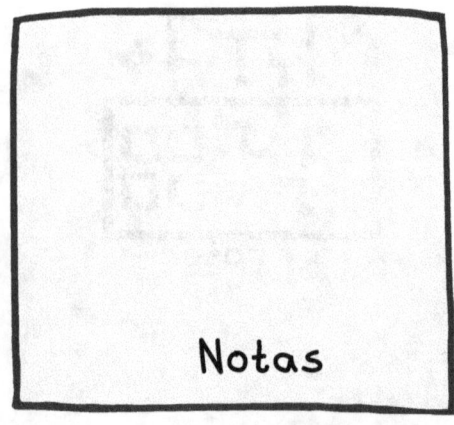

Notas

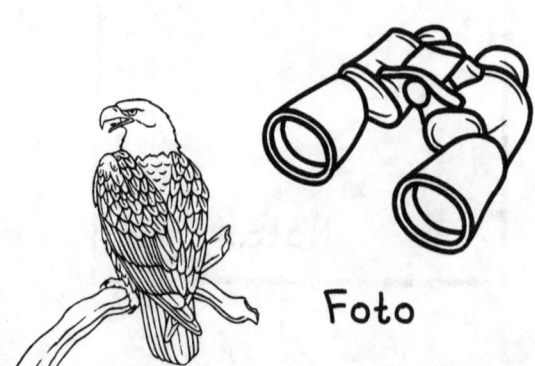

Foto

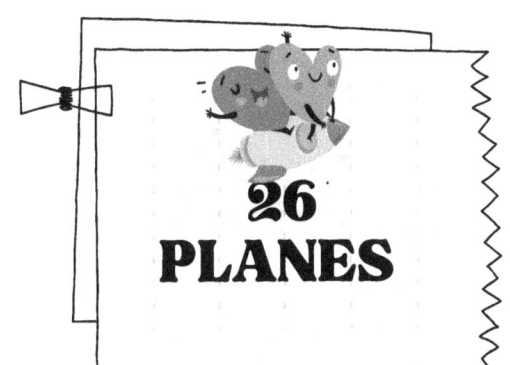

26 PLANES

PRIMAVERA
con tu pareja

15. Ir a un parque de dinosaurios

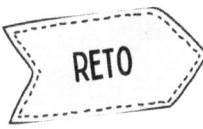

RETO

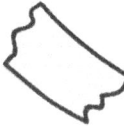

Foto

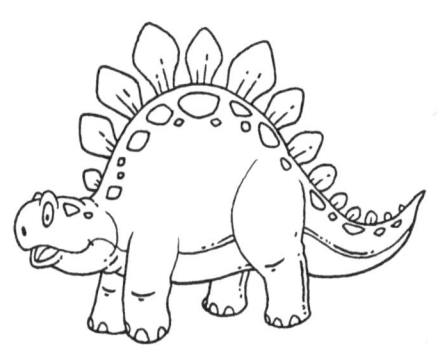

Notas

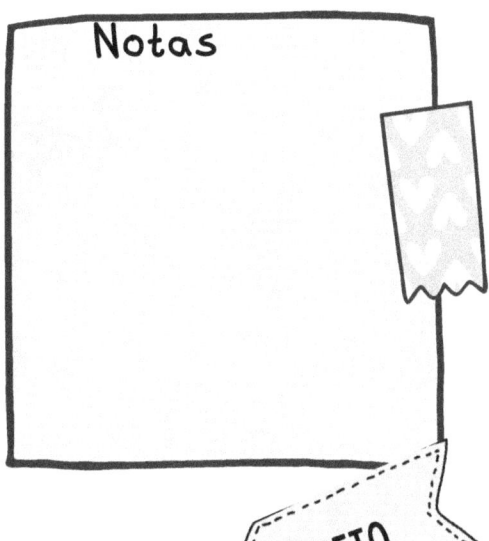

RETO

16. Organizar o participar en una fiesta de primavera

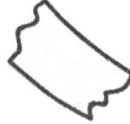

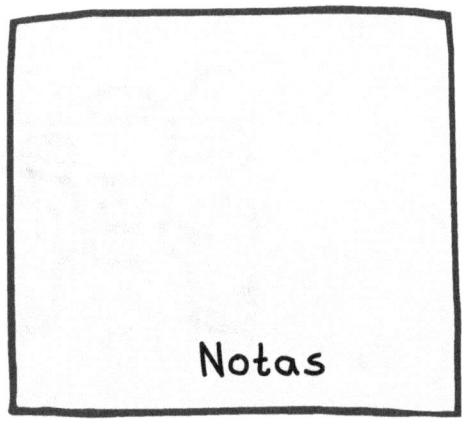

Notas

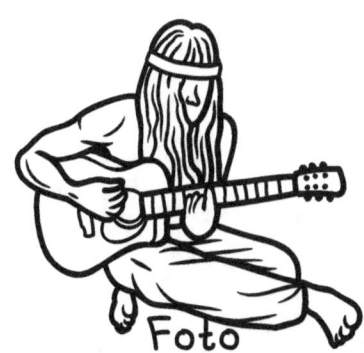

Foto

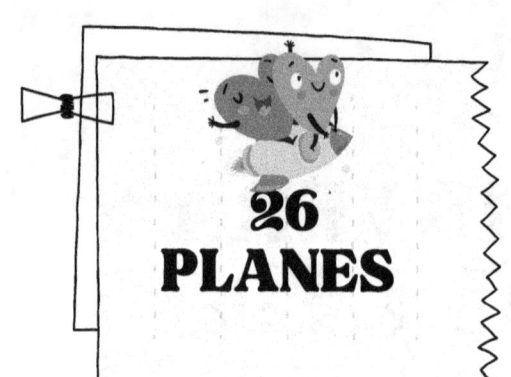

26 PLANES

PRIMAVERA
con tu pareja

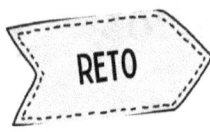
RETO

17. Espectáculo de aves razaces

Foto

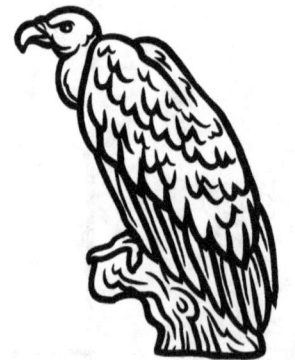

Notas

RETO

18. Excursión en Quad

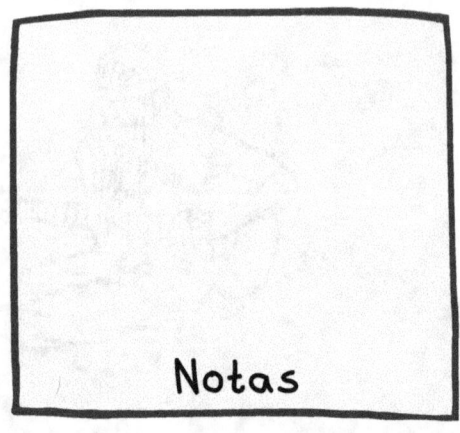

Notas

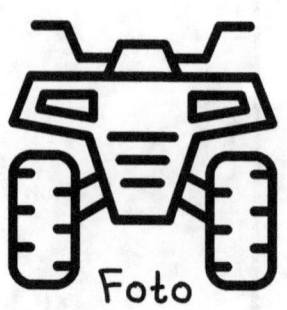

Foto

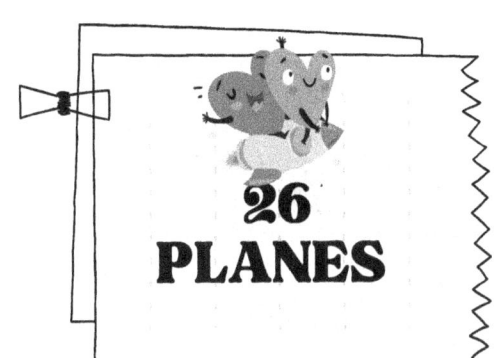

26 PLANES

PRIMAVERA
con tu pareja

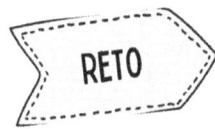

RETO

19. Visitar un jardín botánico o un parque de rosas

Foto

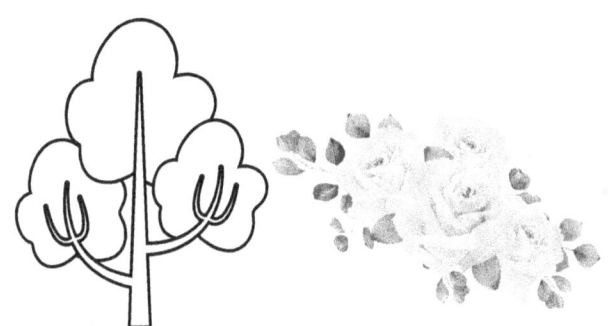

Notas

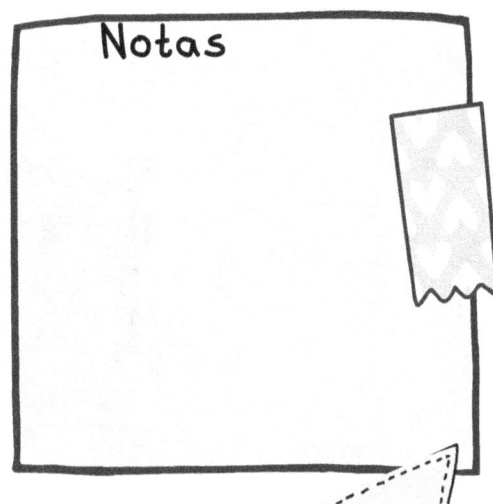

RETO

20. Visitar unos viñedos en 4x4

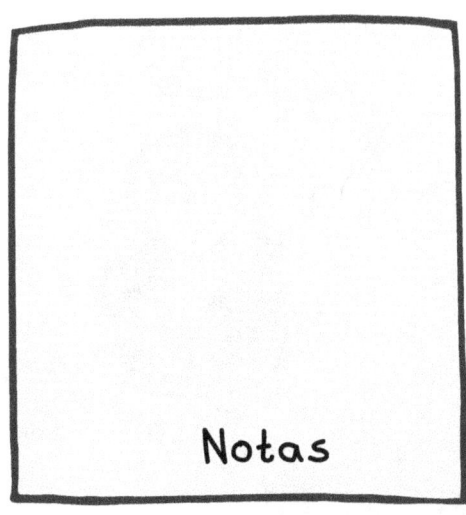

Notas

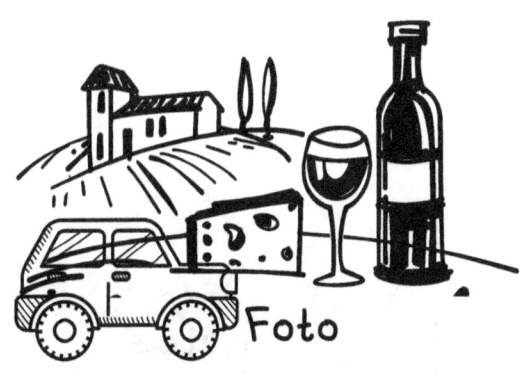

Foto

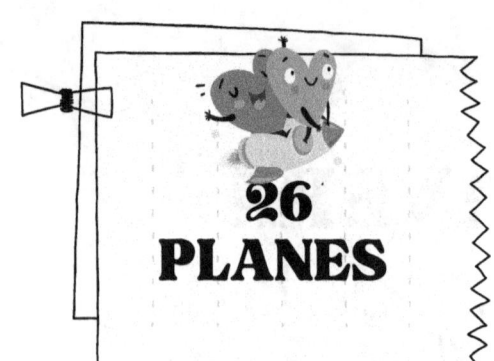

26 PLANES

PRIMAVERA
con tu pareja

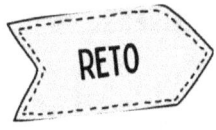

RETO

21. Visitar una capital europea

Foto

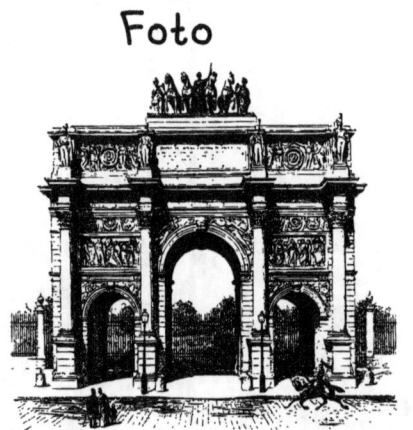

Notas

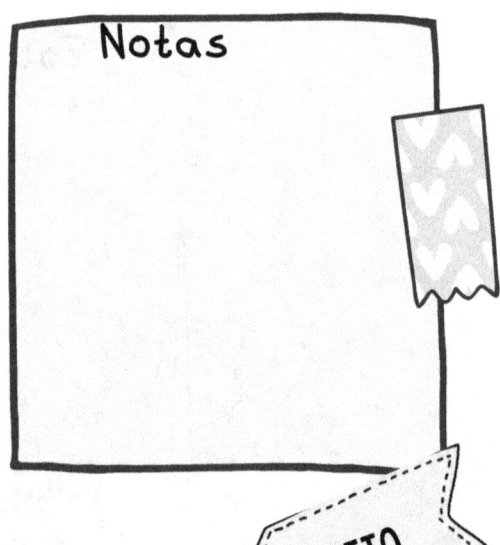

RETO

22. Ir a Egipto y dar un paseo en barco por el Nilo

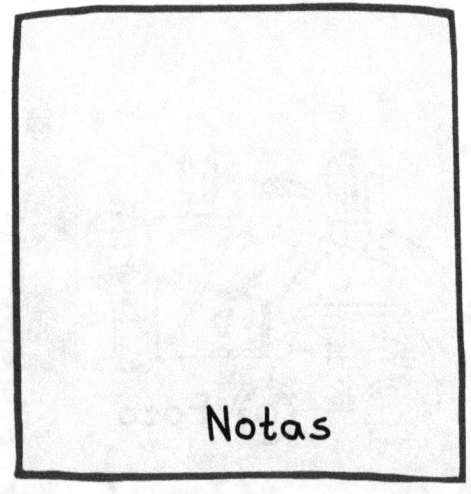

Notas

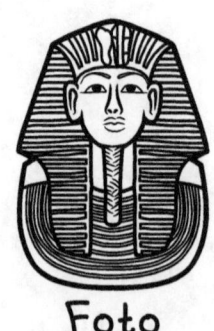

Foto

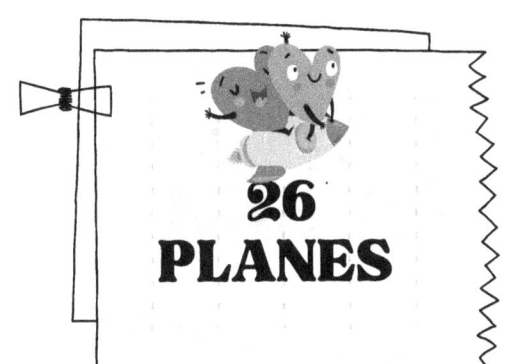

26 PLANES

PRIMAVERA
con tu pareja

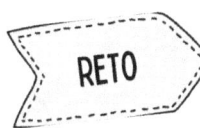
RETO

23.Colocar un candado en un puente para sellar vuestro amor

Foto

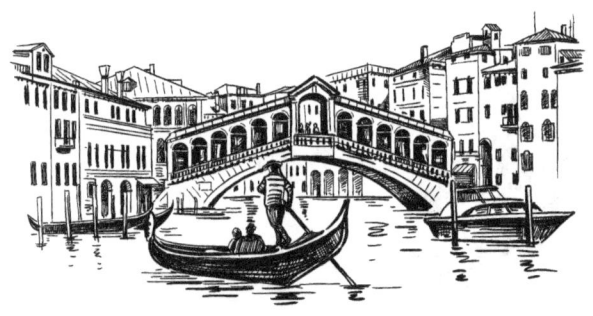

Notas

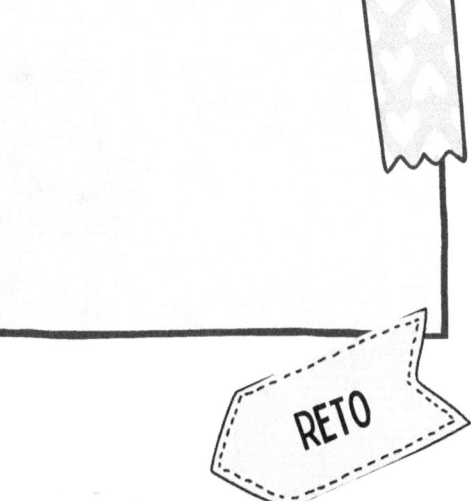

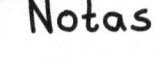
RETO

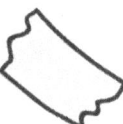

24. Jugar al minigolf

Notas

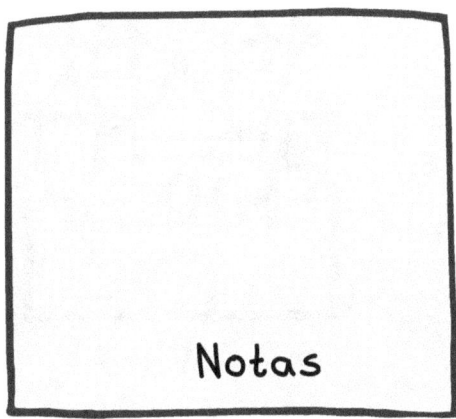

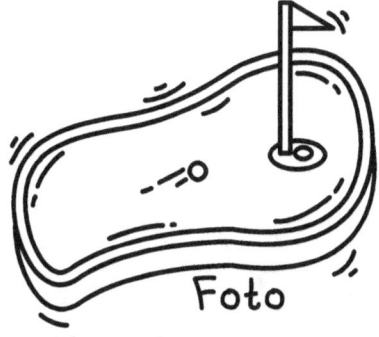

Foto

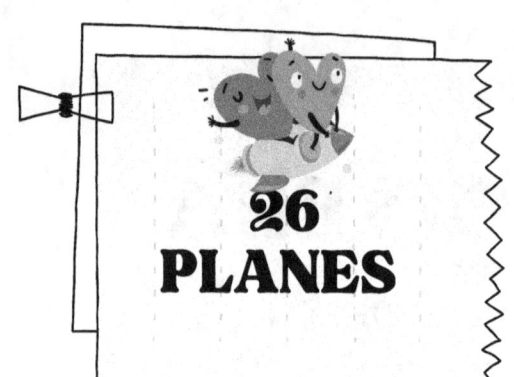

26 PLANES

PRIMAVERA
con tu pareja

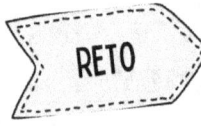
RETO

25. Asistir a un desfile de coches antiguos

Foto

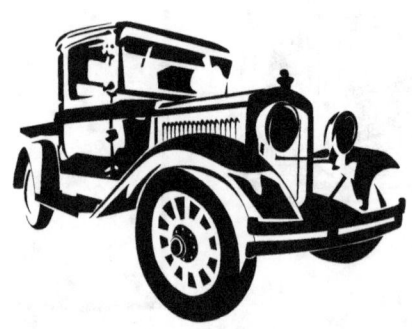

Notas

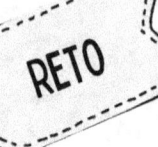
RETO

26. Visitar a un Parque de Disney,

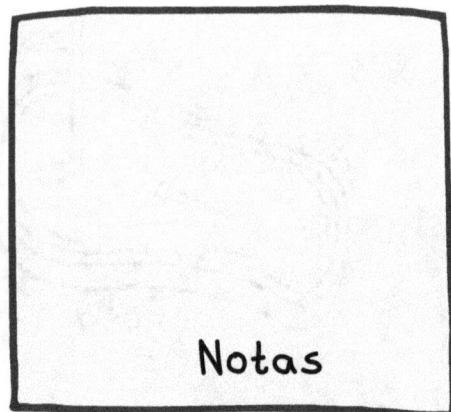

Notas

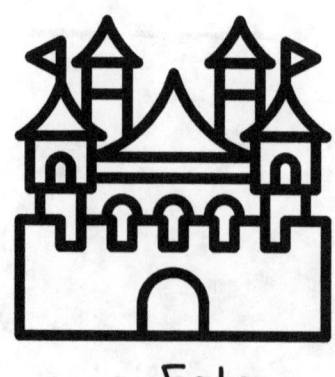

Foto

26 PLANES

EN VERANO

con tu pareja

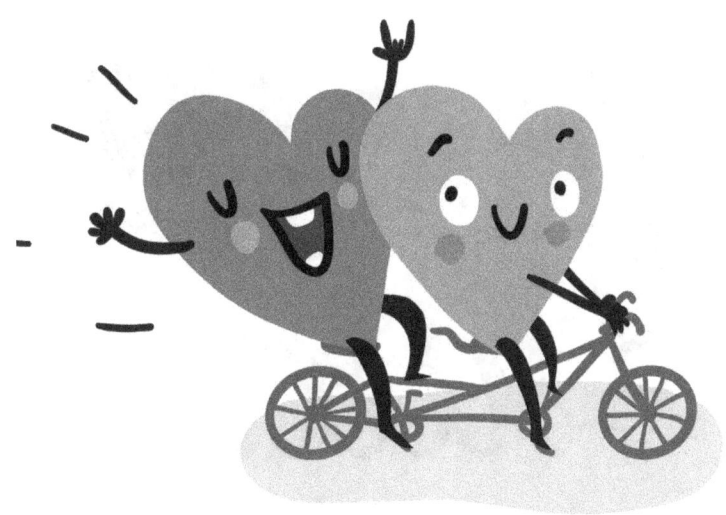

HOY va a ser un GRAN día

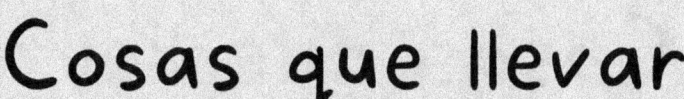

Cosas que llevar

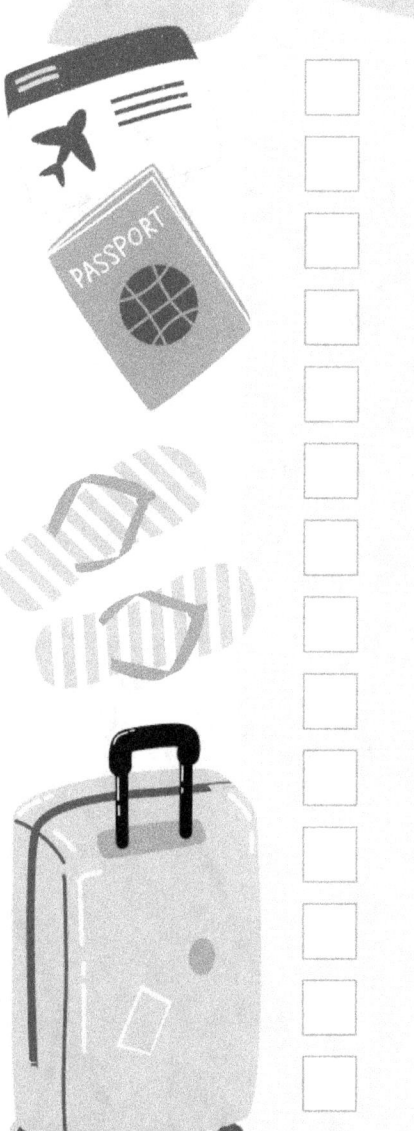

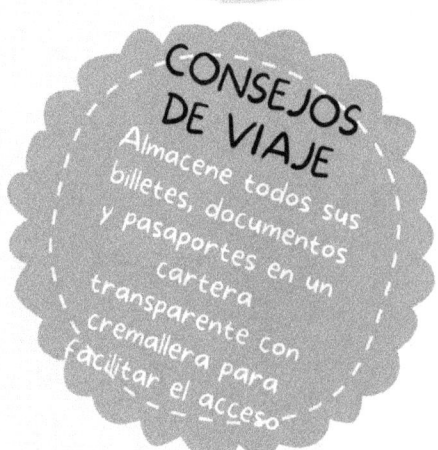

CONSEJOS DE VIAJE

Almacene todos sus billetes, documentos y pasaportes en un cartera transparente con cremallera para facilitar el acceso

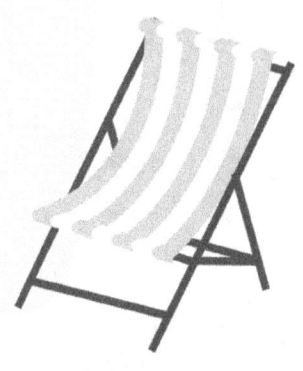

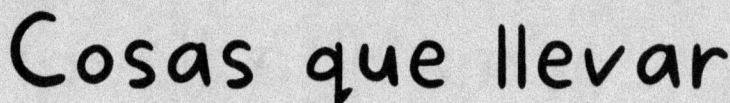

Cosas que llevar

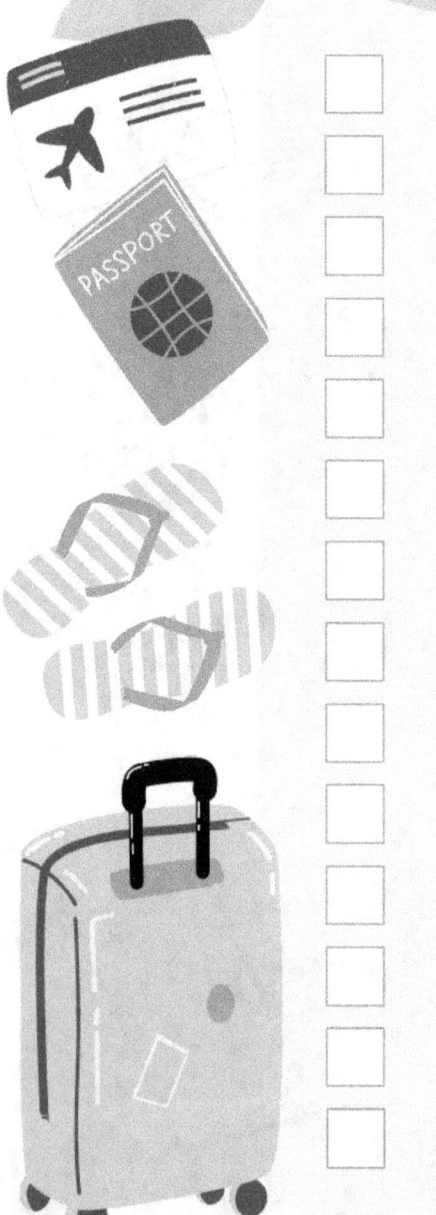

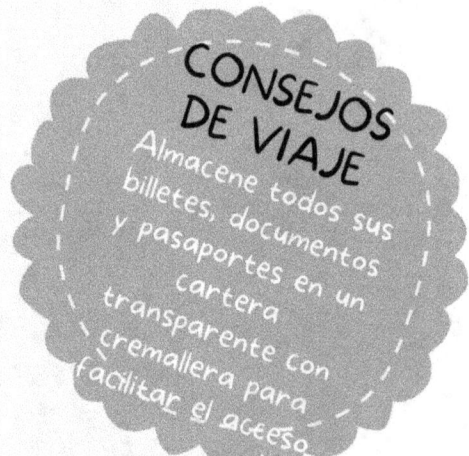

CONSEJOS DE VIAJE
Almacene todos sus billetes, documentos y pasaportes en un cartera transparente con cremallera para facilitar el acceso

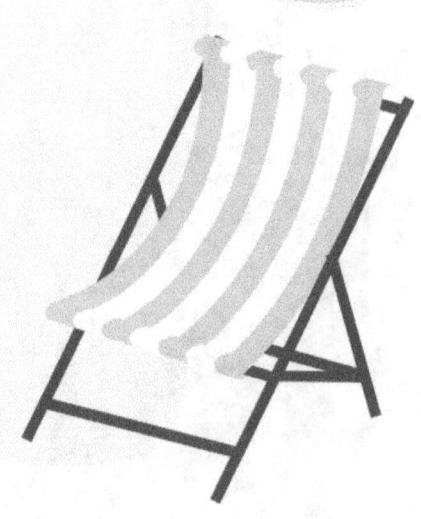

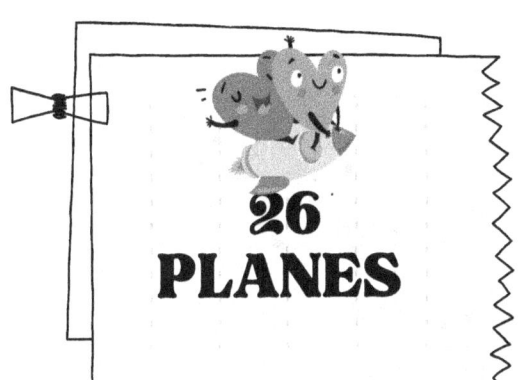

VERANO
con tu pareja

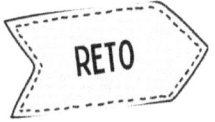
RETO

1. Hacer Glamping (Camping lujoso)

Foto

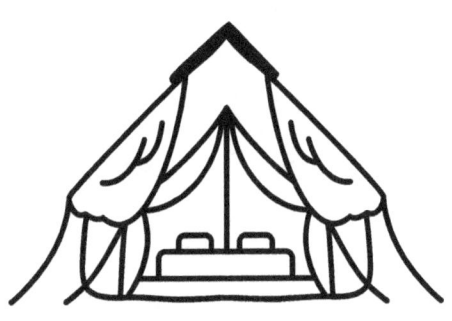

Notas

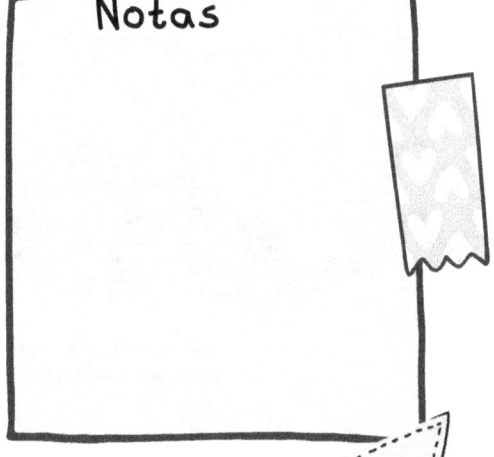

RETO

2. Ir al cine al aire libre

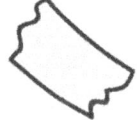

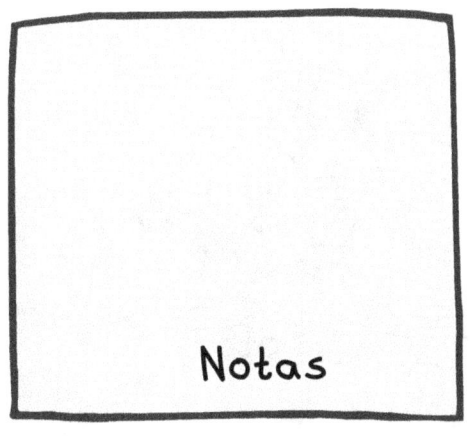

Notas

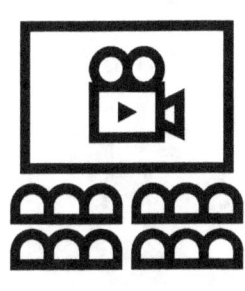

Foto

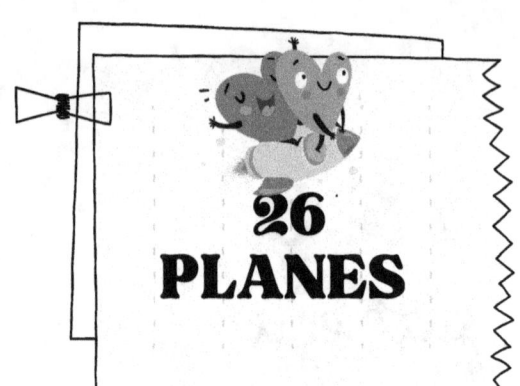

26 PLANES

VERANO
con tu pareja

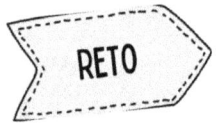

3. Ir de crucero y hacer una foto con la escena de Titanic

Foto

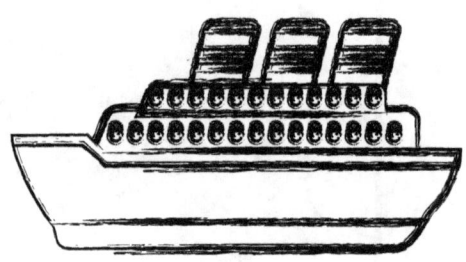

Notas

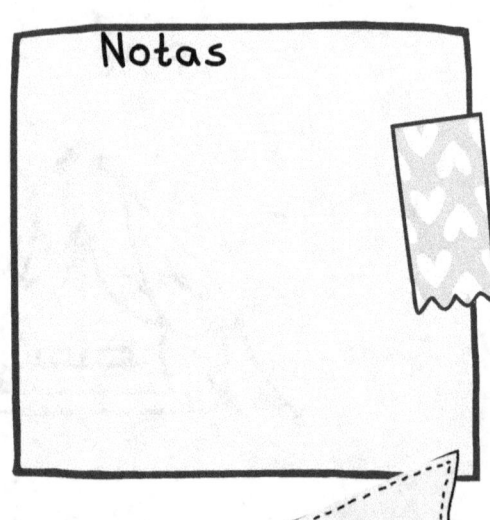

4. Ruta Guiada en Bicicleta Acuática con Fotos y Vídeos

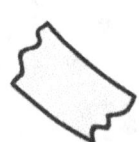

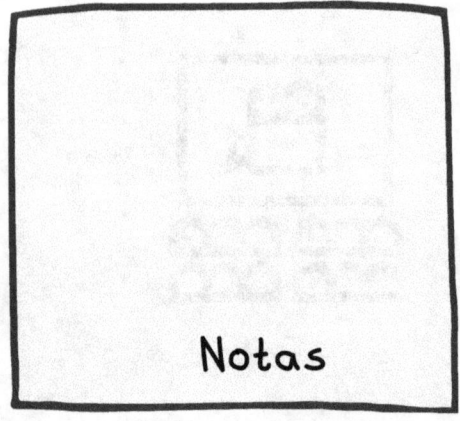

Notas

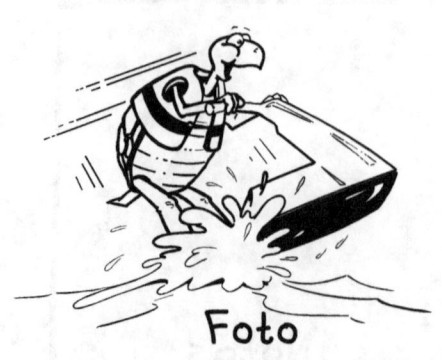

Foto

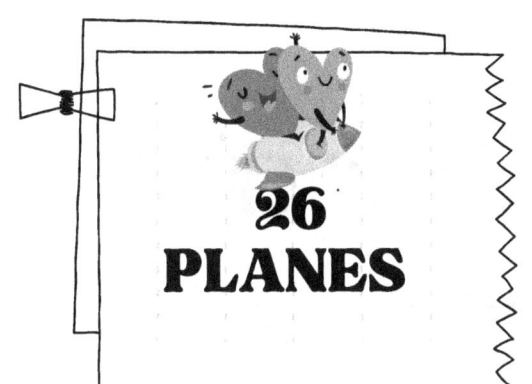

26 PLANES

VERANO
con tu pareja

5. Hacer Parasailing

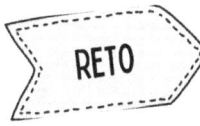
RETO

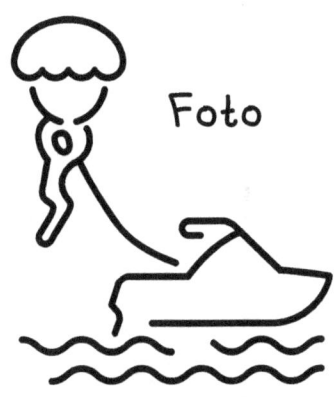

Foto

Notas

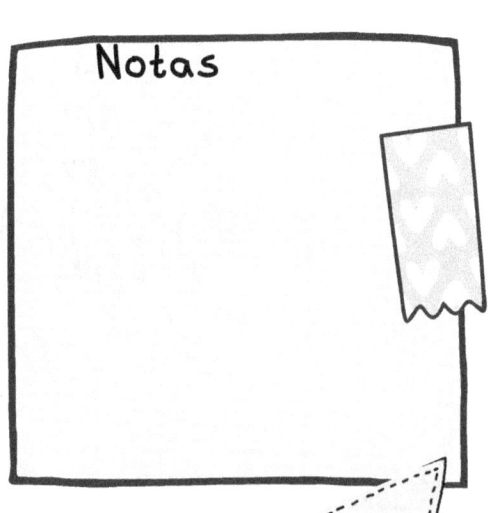

RETO

6. Bañarse de noche en el mar

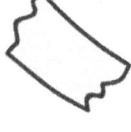

Notas

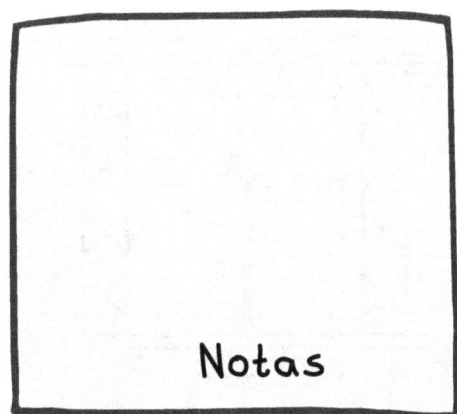

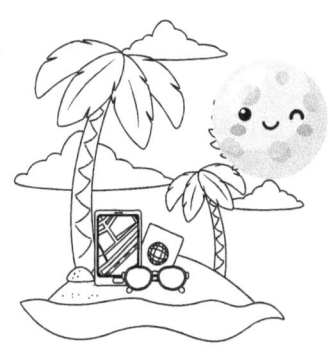

Foto

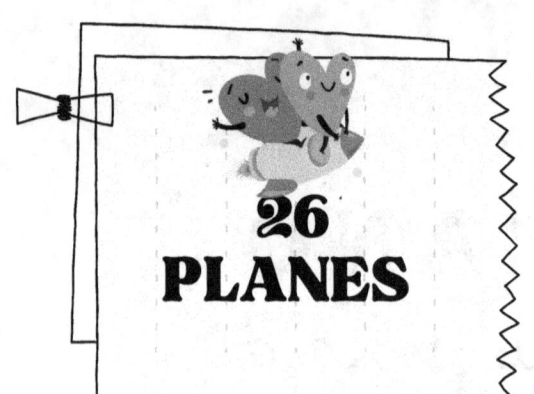

VERANO
con tu pareja

26 PLANES

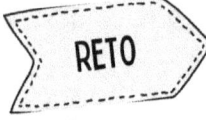
RETO

7. Excursión en barca dentro de una cueva

Foto

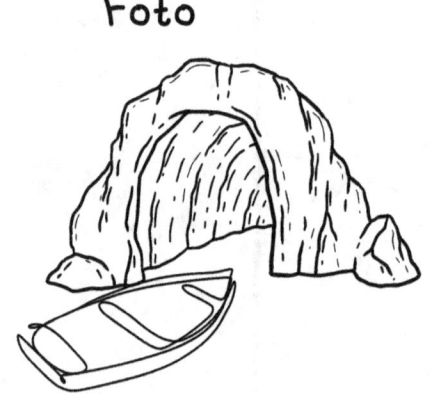

Notas

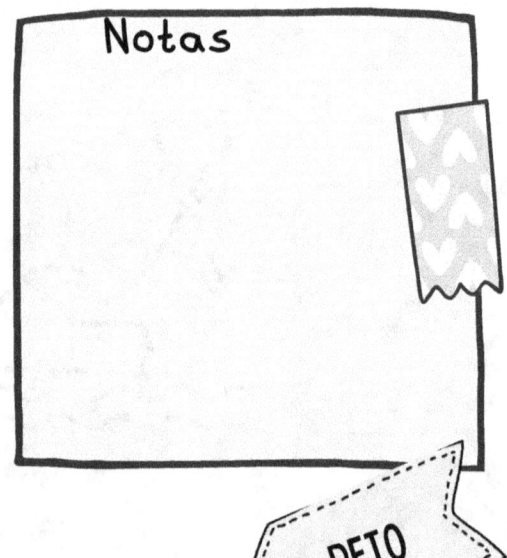

RETO

8. Ir a un concierto al aire libre

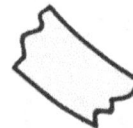

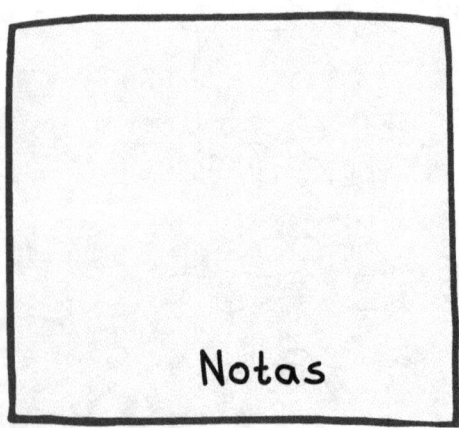

Notas

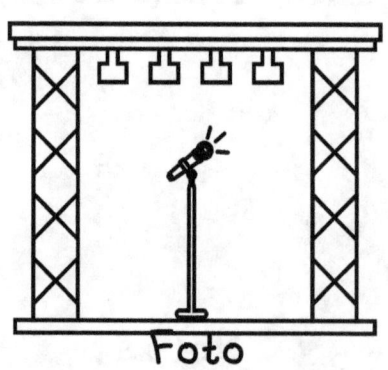

Foto

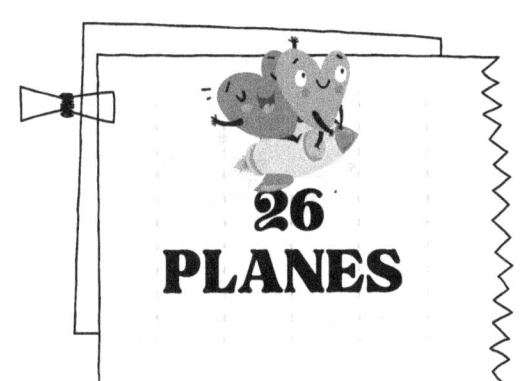

26 PLANES

VERANO
con tu pareja

RETO **9. Excursión en moto de agua o catamarán**

Foto

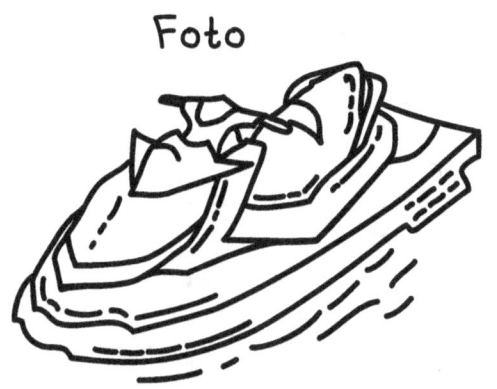

Notas

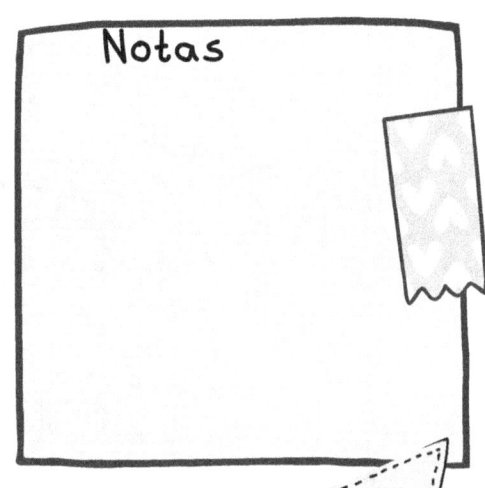

RETO

10. Tomarse una copa o refresco por la noche en un bar de la playa

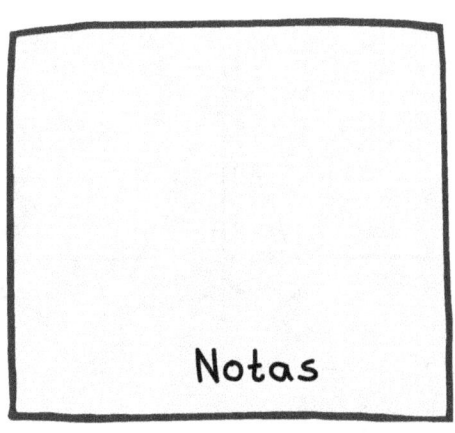

Notas

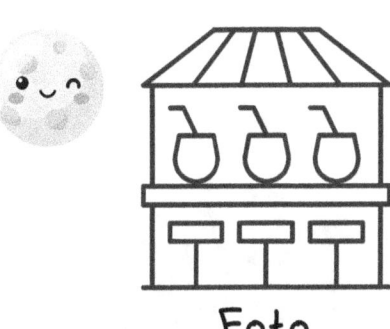

Foto

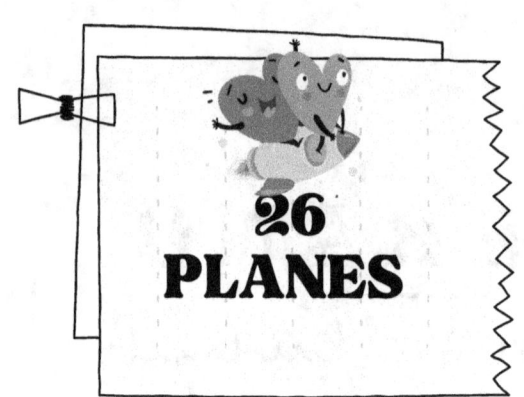

26 PLANES

VERANO
con tu pareja

11. Dormir en hotel burbuja contemplando las estrellas

Foto

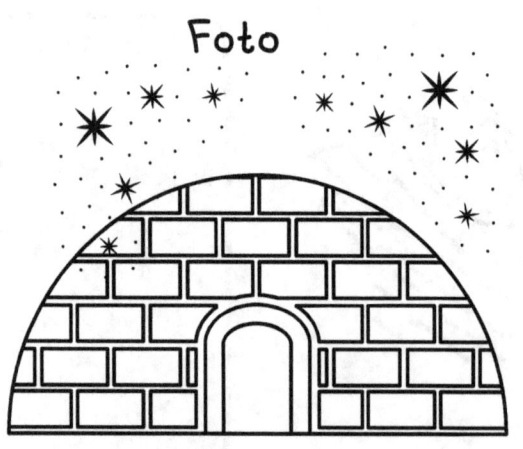

Notas

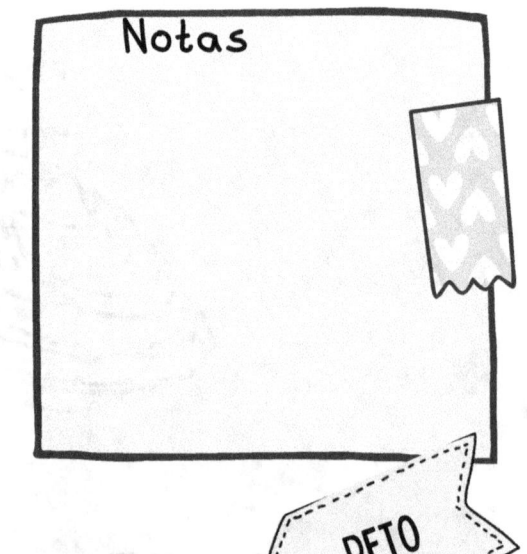

12. Cena en barco de vela contemplando la puesta de sol

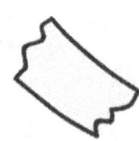

Notas

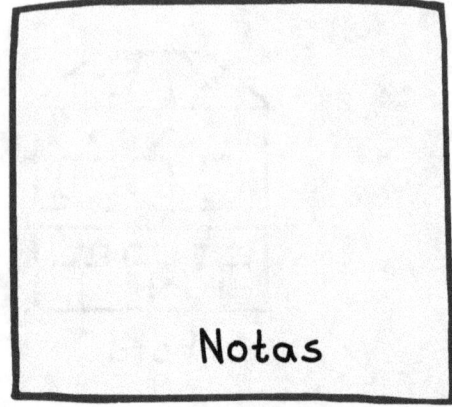

Foto

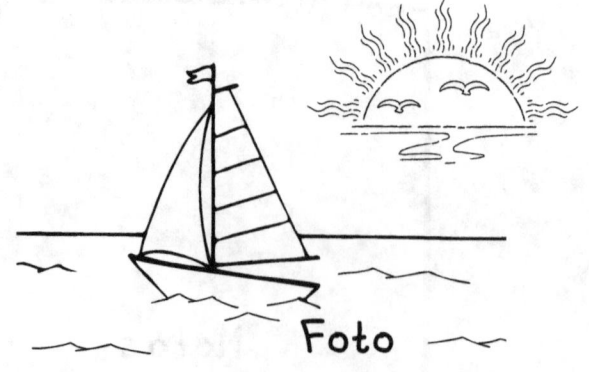

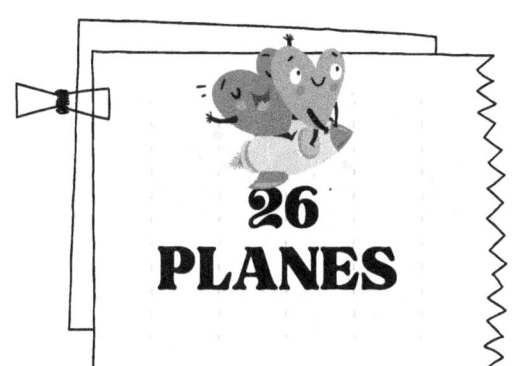

26 PLANES

VERANO
con tu pareja

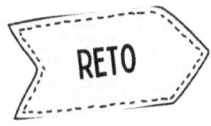
RETO

13. Practicar un juego o deporte en la playa

Foto

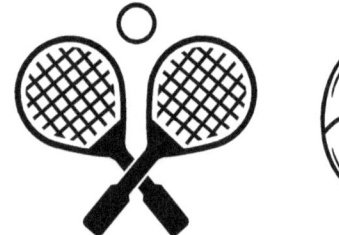 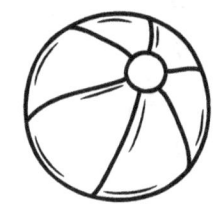

Notas

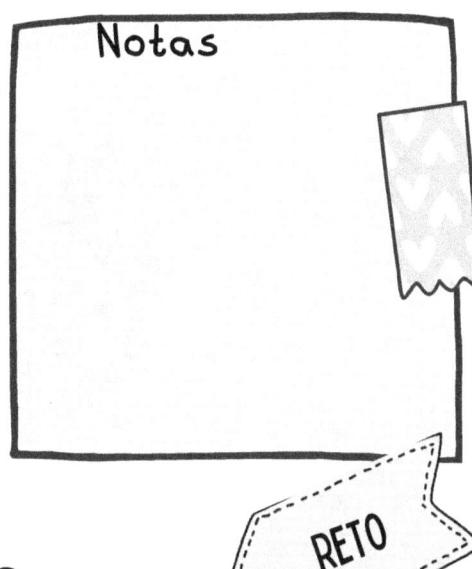

RETO

14. Nadar con delfines

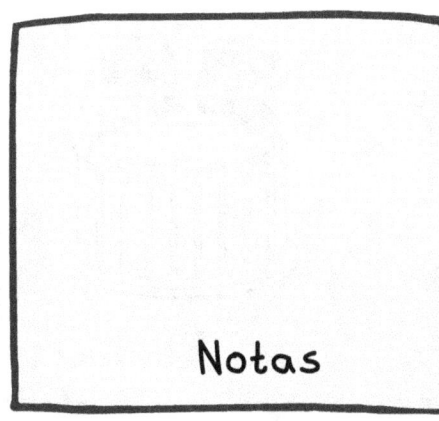

Notas

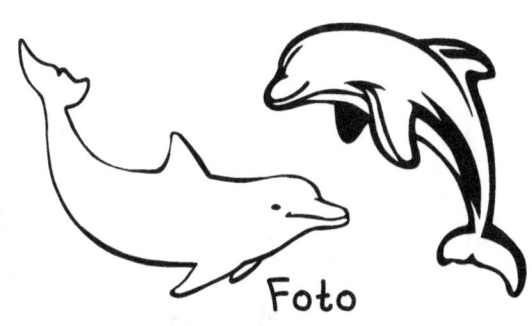

Foto

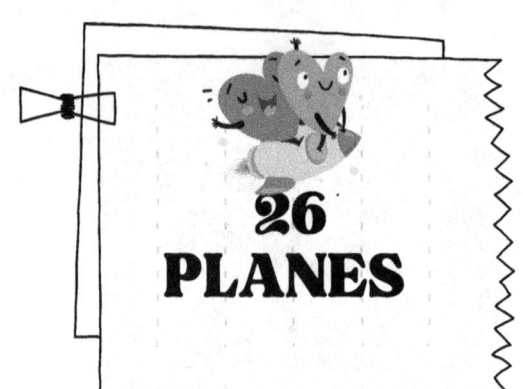

26 PLANES

VERANO
con tu pareja

RETO

15. Dormir en una casa en un árbol (hotel)

Foto

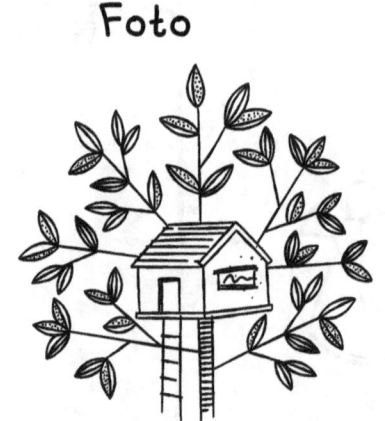

Notas

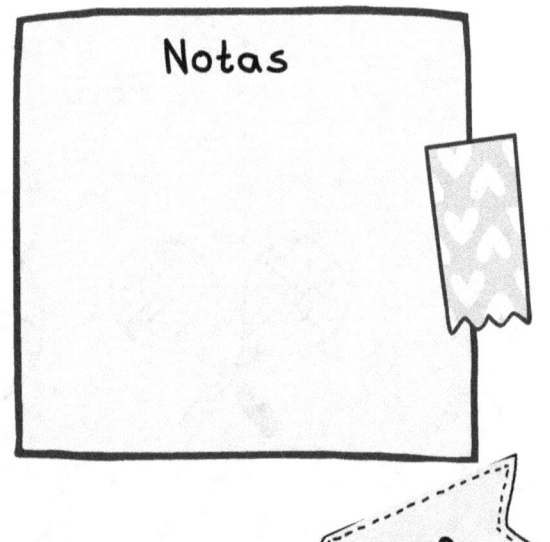

RETO

16. Baño en un jacuzzi al aire libre

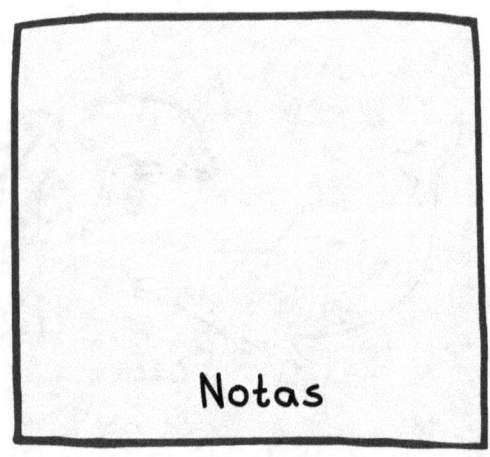

Notas

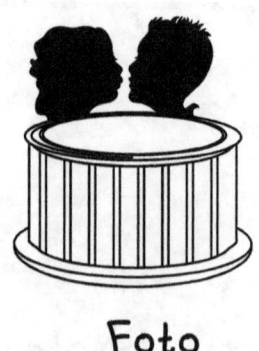

Foto

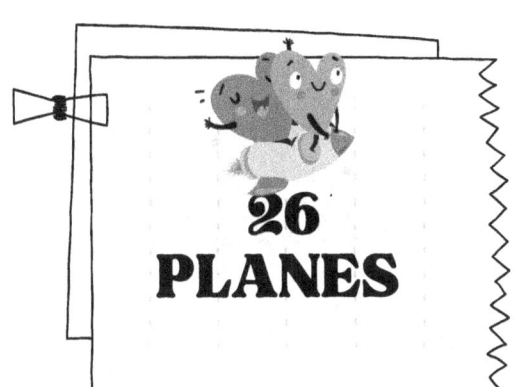

26 PLANES

VERANO
con tu pareja

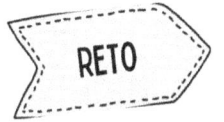

RETO

17. Ir a un lago o embalse a pasar el día

Foto

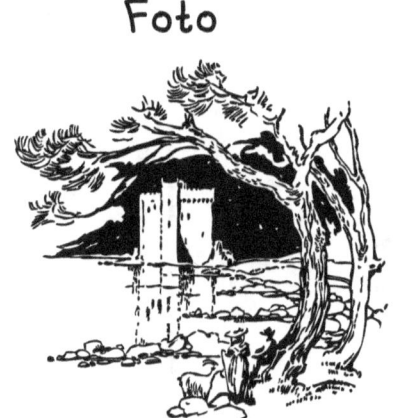

Notas

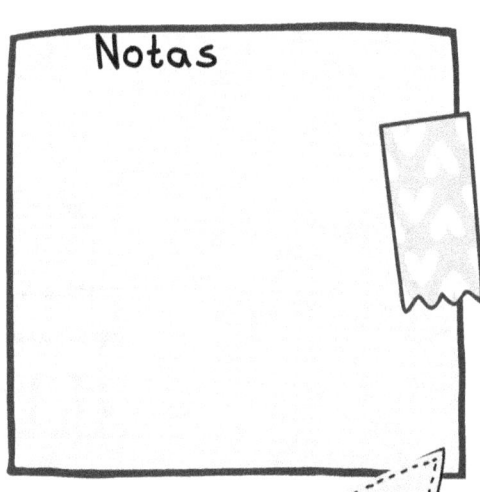

RETO

18. Buceo o snorkel con peces tropicales

Notas

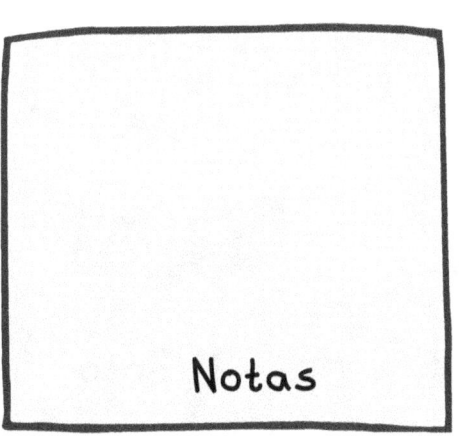

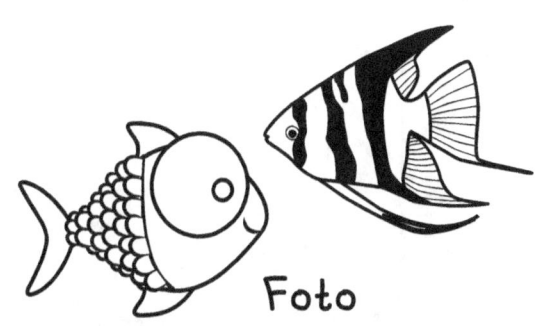

Foto

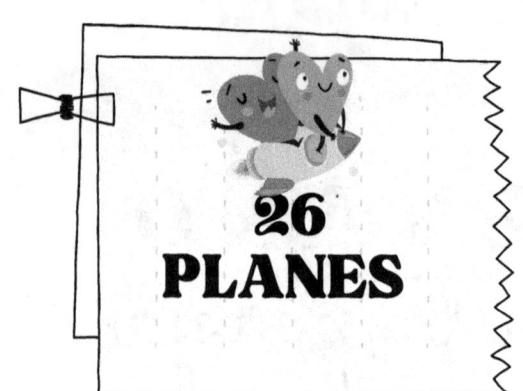

26 PLANES

VERANO
con tu pareja

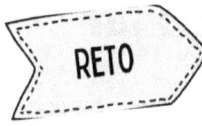
RETO

19. Visitar un observatorio astronomico

Foto

Notas

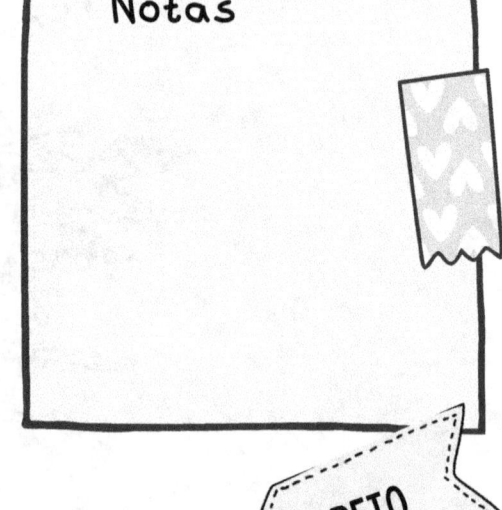

RETO

20. Ir a ver al tiburón ballena

Notas

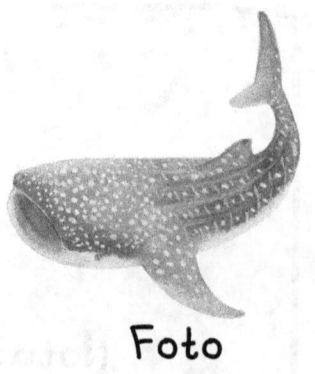

Foto

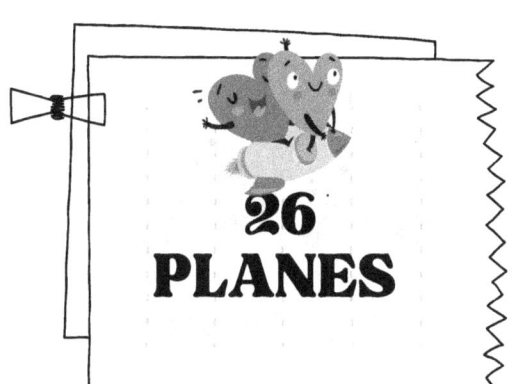

26 PLANES

VERANO
con tu pareja

RETO

21. Cena romántica al aire libre con luz de velas

Foto

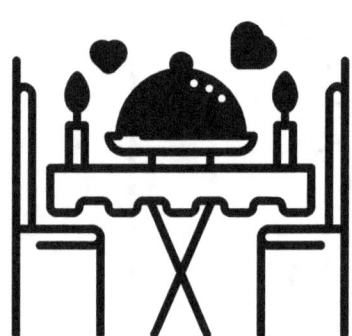

Notas

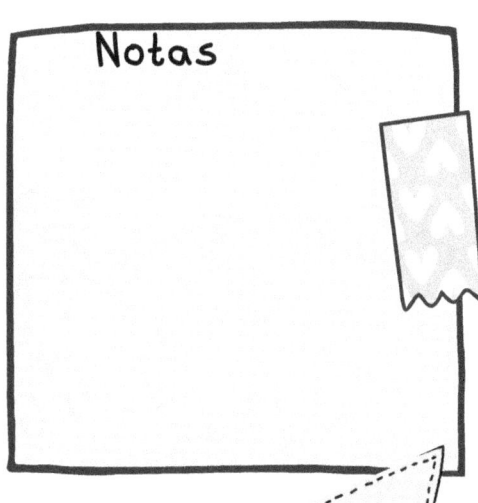

RETO

22. Probar el flyboard

Notas

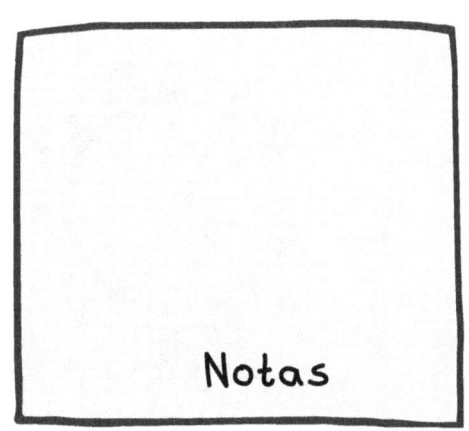

Foto

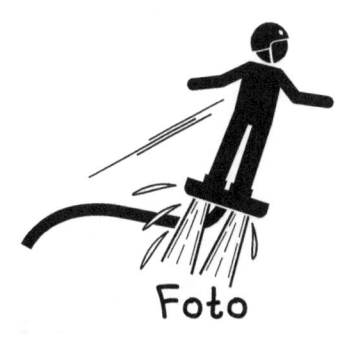

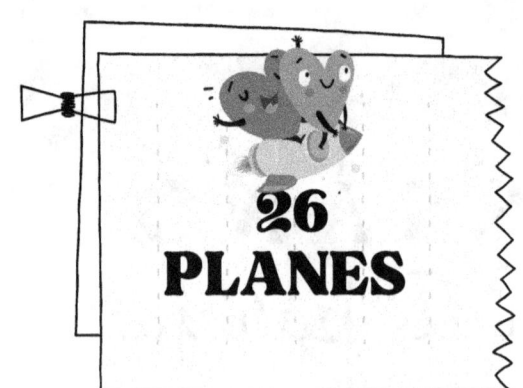

26 PLANES

VERANO
con tu pareja

RETO **23. Ir a una clase de baile al aire libre**

Foto

Notas

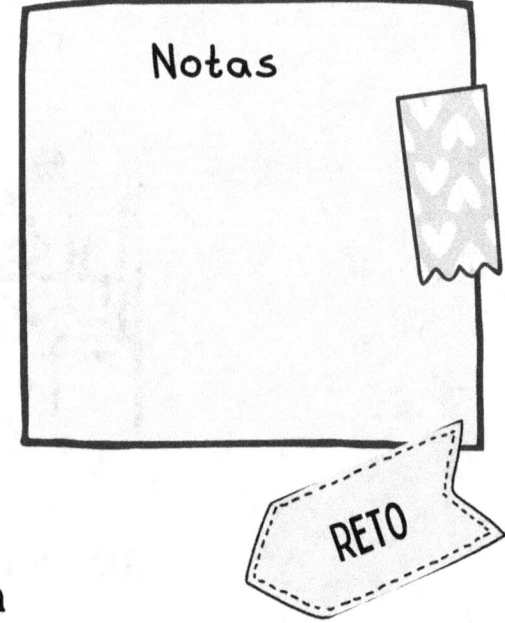

RETO

24. Foto en una noría

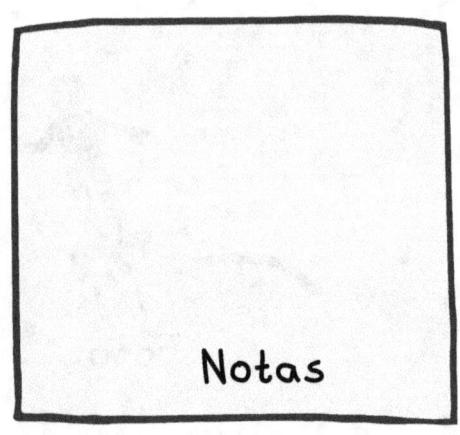

Notas

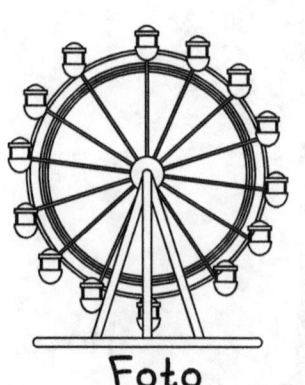

Foto

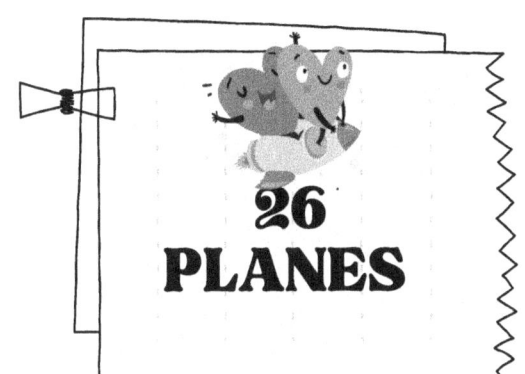

26 PLANES

VERANO
con tu pareja

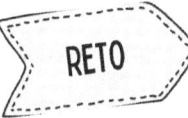RETO **25. Practicar yoga en la playa**

Foto

Notas

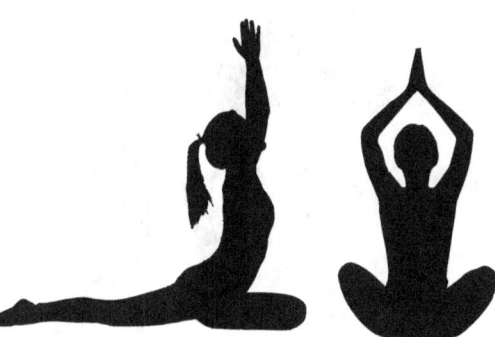

26. Excursión en barco con el suelo de cristal

RETO

Notas

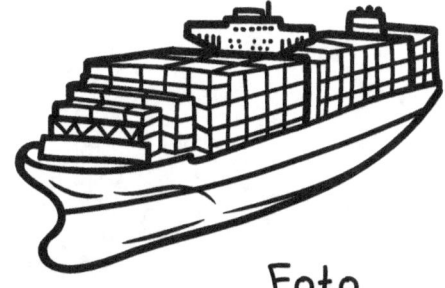

Foto

Mereces lo que Sueñas

26 PLANES
EN OTOÑO
con tu pareja

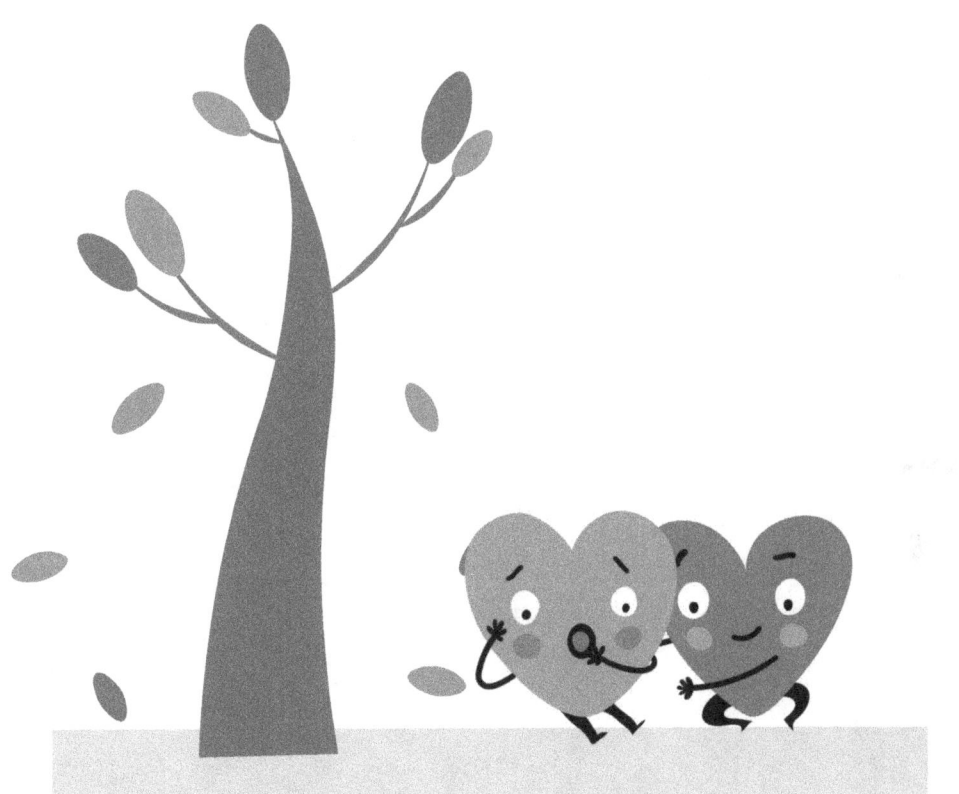

Cosas que llevar

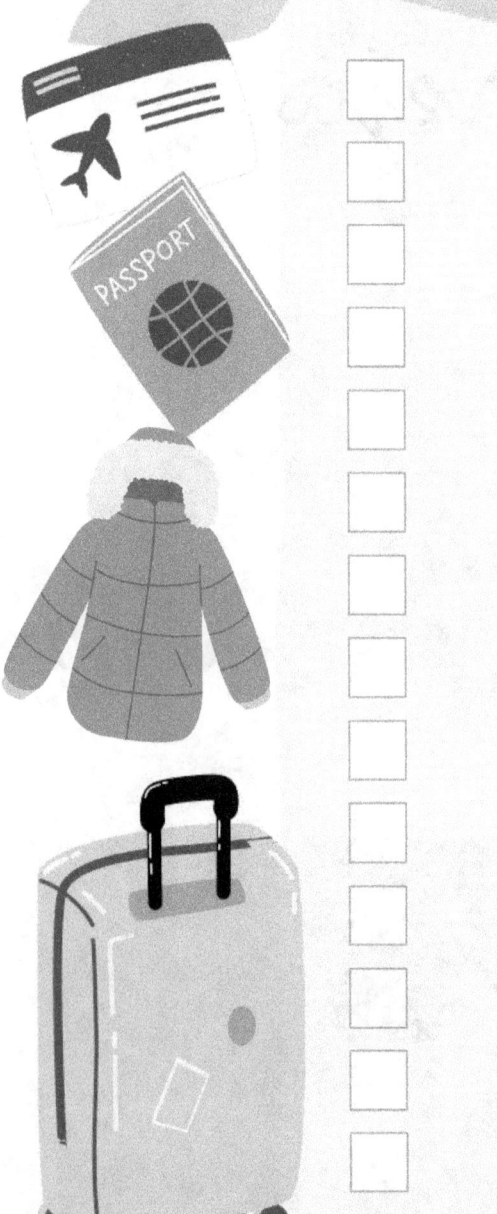

☐
☐
☐
☐
☐
☐
☐
☐
☐
☐
☐
☐
☐
☐

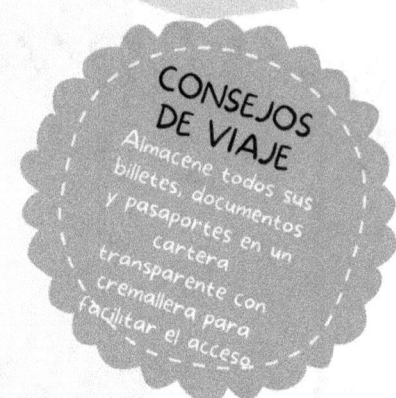

CONSEJOS
DE VIAJE
Almacene todos sus
billetes, documentos
y pasaportes en un
cartera
transparente con
cremallera para
facilitar el acceso.

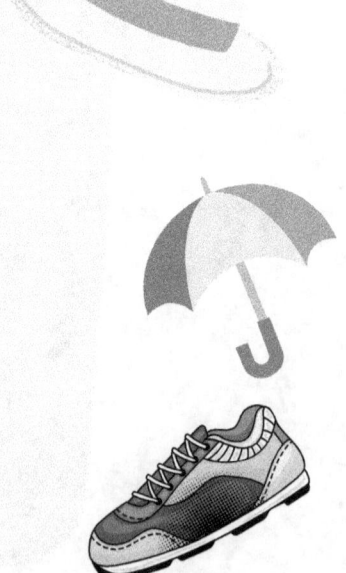

Cosas que llevar

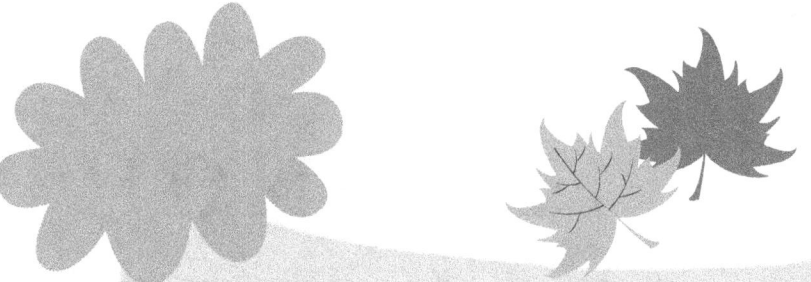

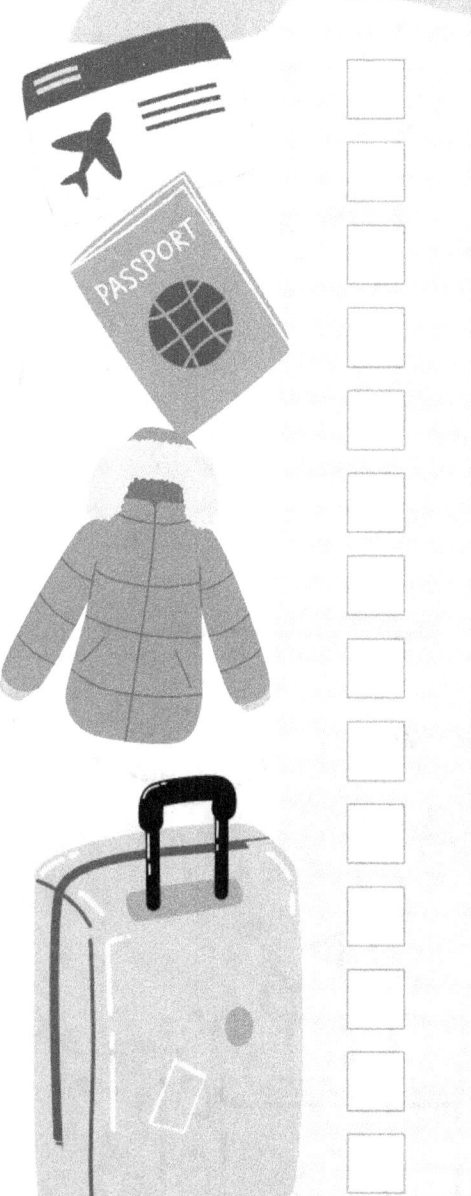

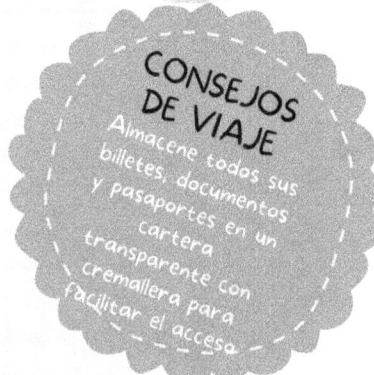

CONSEJOS DE VIAJE

Almacene todos sus billetes, documentos y pasaportes en un cartera transparente con cremallera para facilitar el acceso

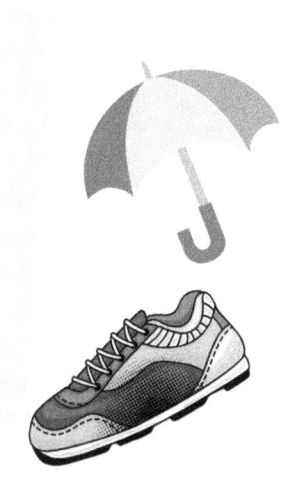

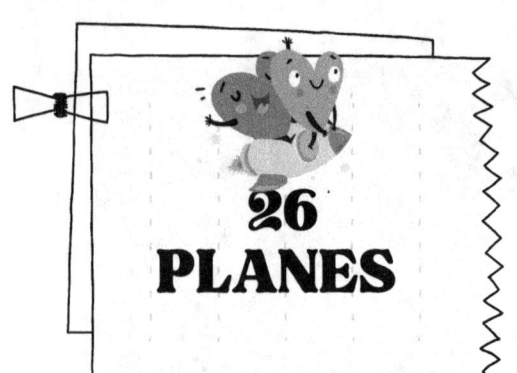

26 PLANES

OTOÑO
con tu pareja

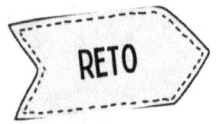
RETO

1. Ir a recoger níscalos

Foto

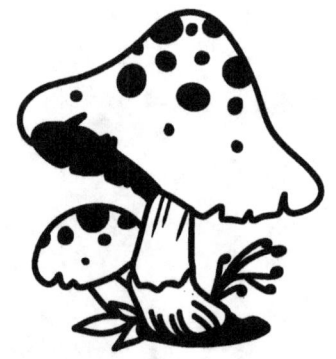

Notas

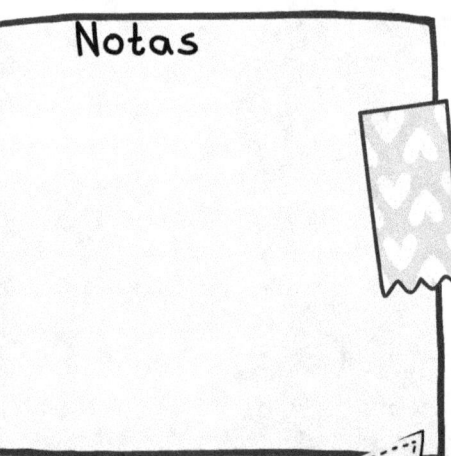

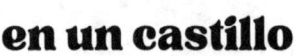
RETO

2. Pasar la noche de Haloween en un castillo

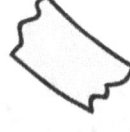

Notas

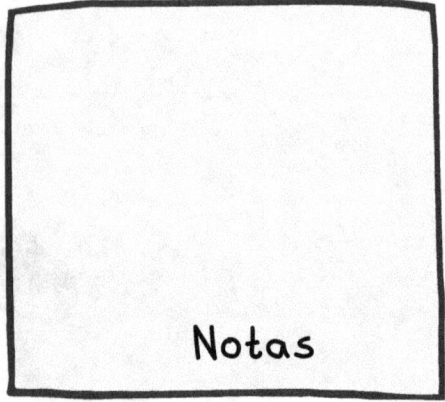

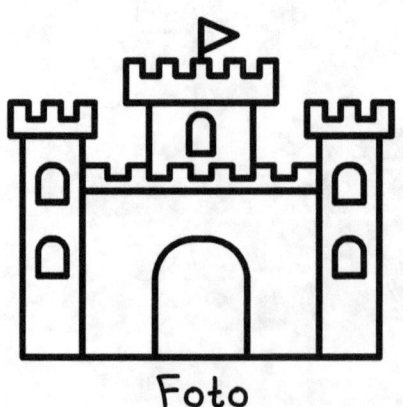

Foto

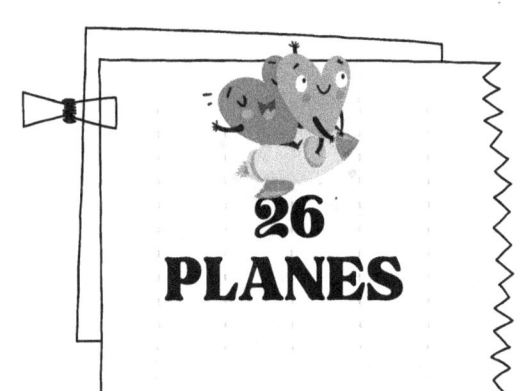

26 PLANES

OTOÑO
con tu pareja

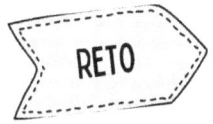 **RETO**

3. Organizar o participar en una fiesta de Haloween

Foto

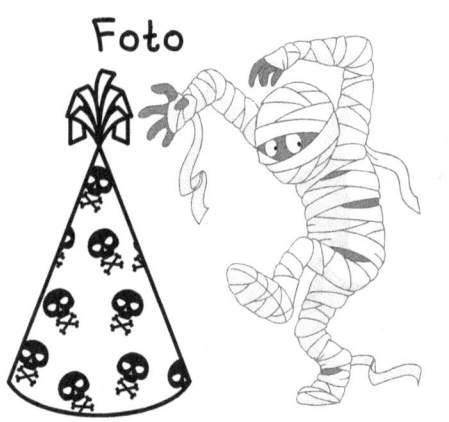

Notas

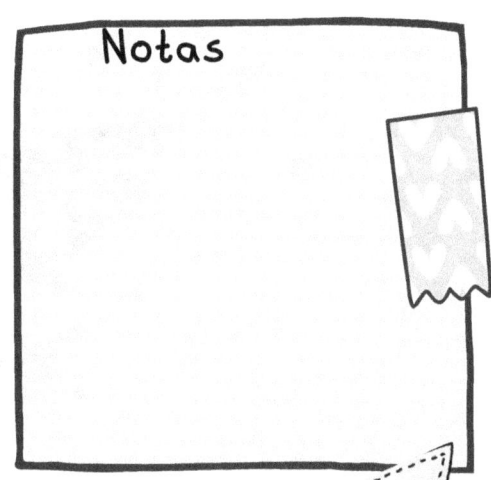

RETO

4. Paseo en teleférico para contemplar los colores de otoño

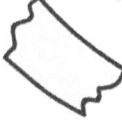

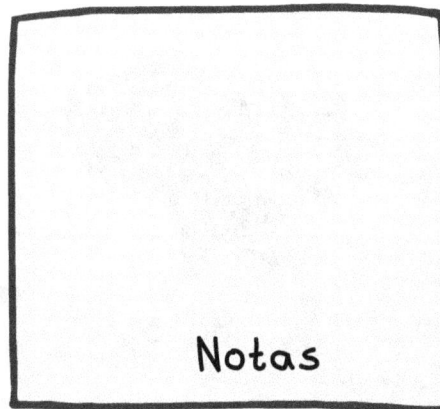

Notas

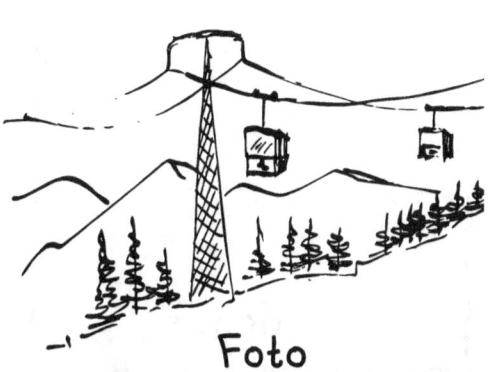

Foto

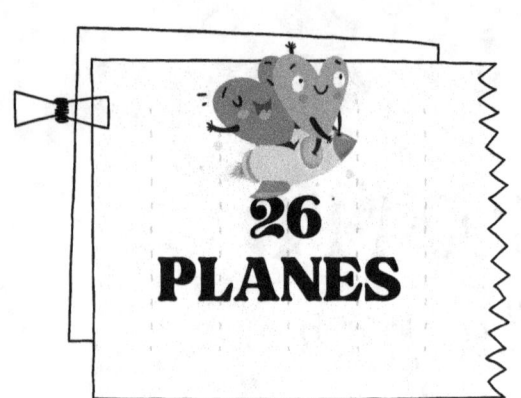

26 PLANES

OTOÑO
con tu pareja

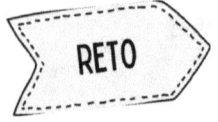

RETO

5. Visitar un acuario y hacerse una foto con tiburones

Foto

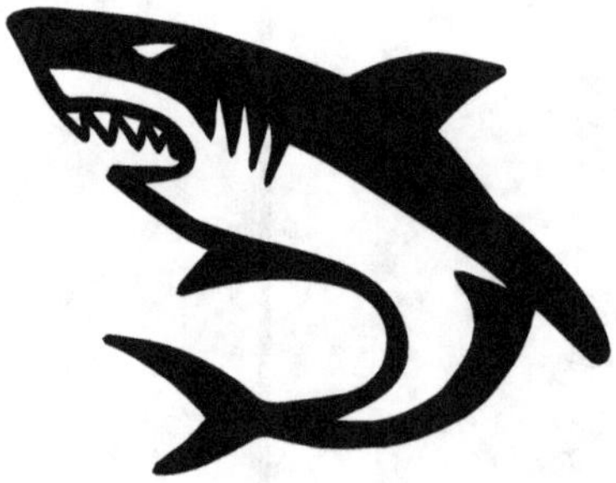

Notas

6. Visitar un laberinto de maíz

RETO

Notas

Foto

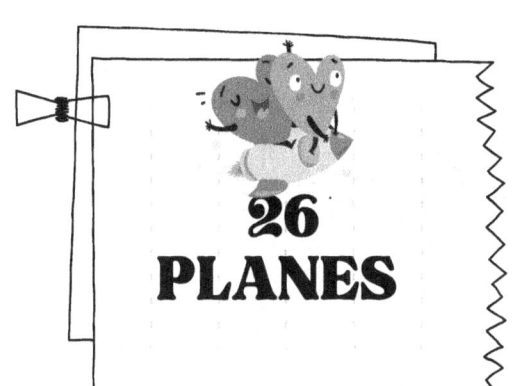

26 PLANES

OTOÑO
con tu pareja

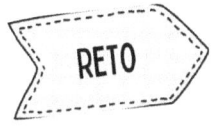RETO

7. Hacer una broma terrorífica y divertida a un amigo

Foto

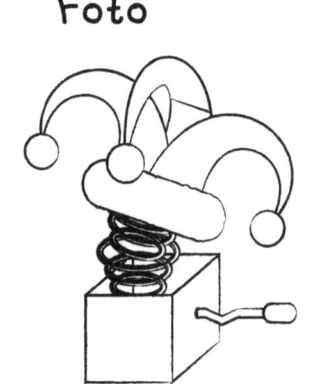

Notas

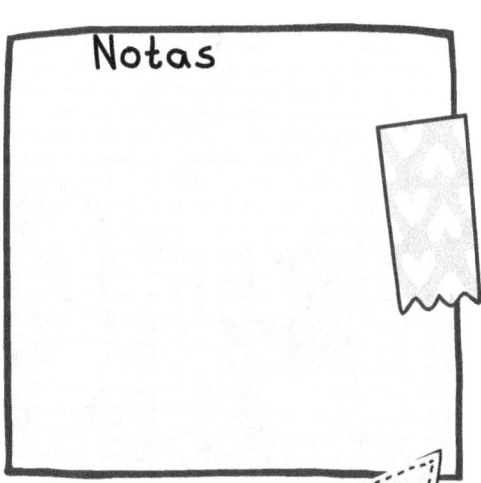

RETO

8. Una ruta especial para conocer los misterios más tenebrosos de una ciudad

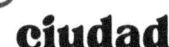

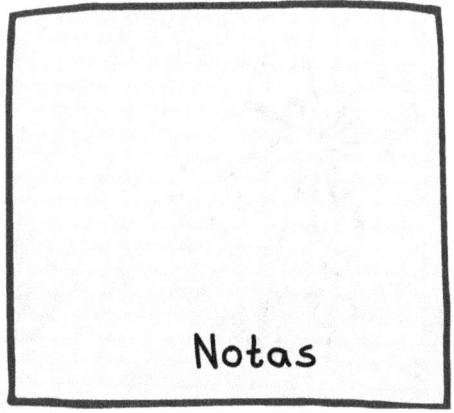

Notas

Foto

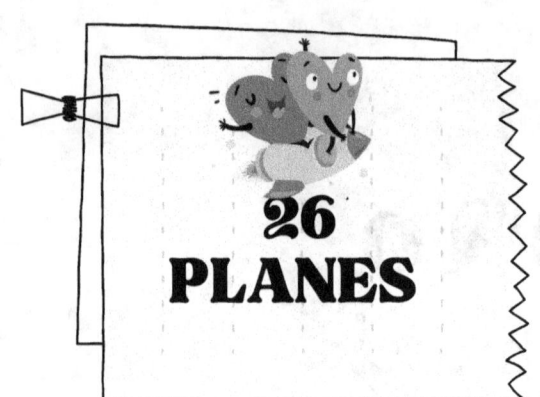

26 PLANES

O T O Ñ O
con tu pareja

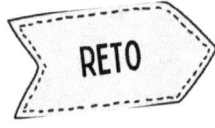
RETO

9. Ir en un viaje de turismo por una ruta de vino

Foto

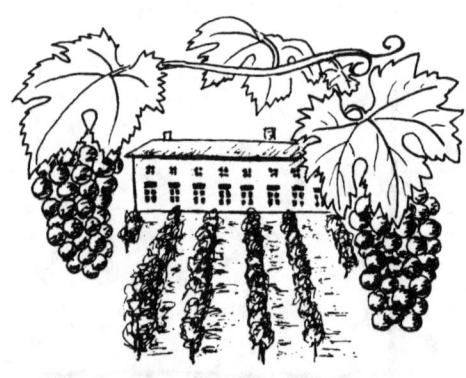

Notas

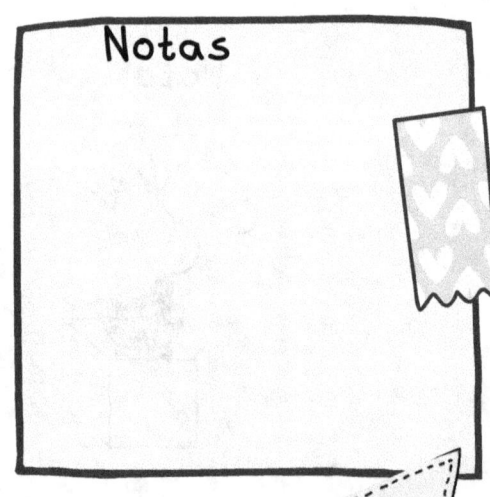

RETO

10. Asistir a un espectáculo de luz y sonido

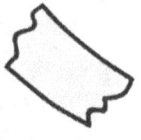

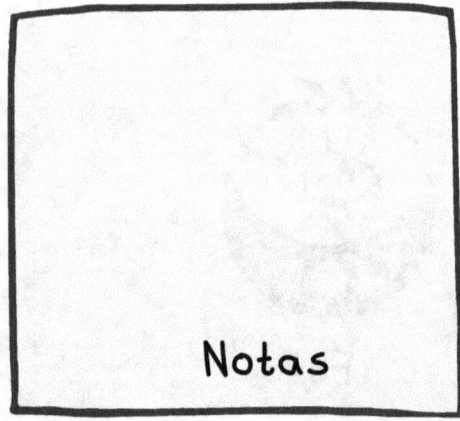

Notas

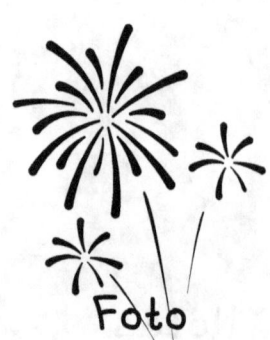

Foto

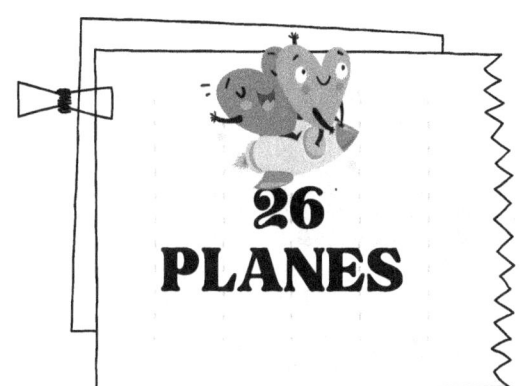

26 PLANES

OTOÑO
con tu pareja

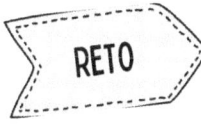
RETO

11. Hacer un picnic en el campo

Foto

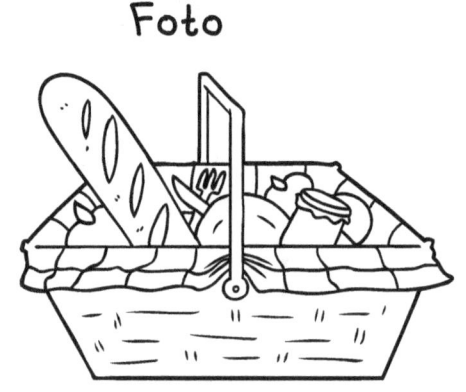

Notas

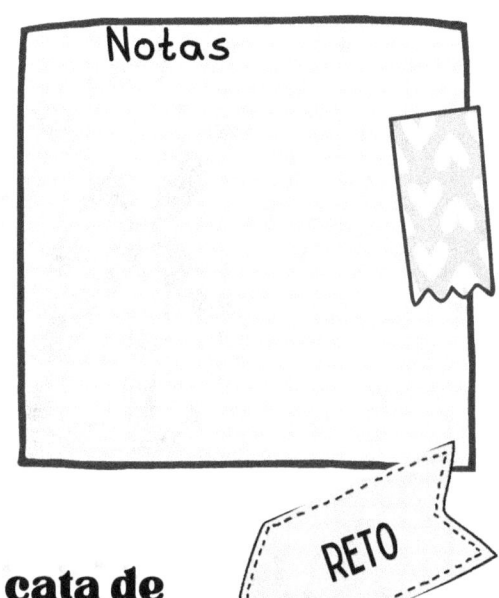

RETO

12. Participar en una cata de sidra o vino o queso

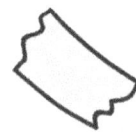

Notas

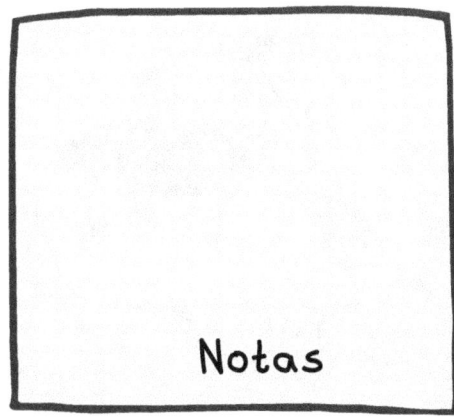

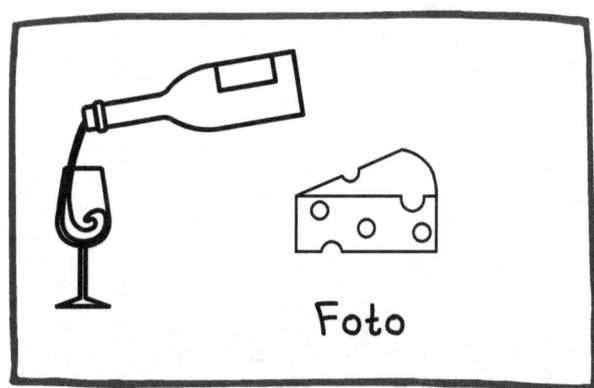

Foto

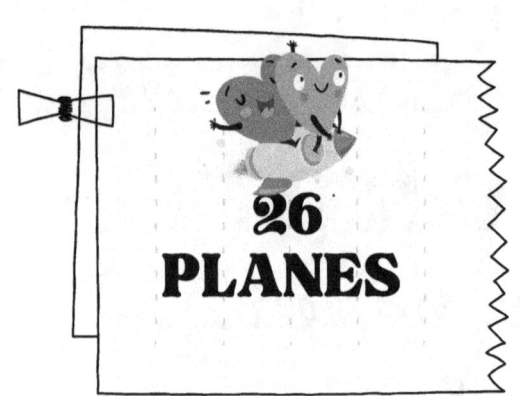

26 PLANES

OTOÑO
con tu pareja

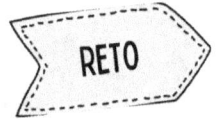
RETO

13. Hacer una excursión a un molino de viento

Foto

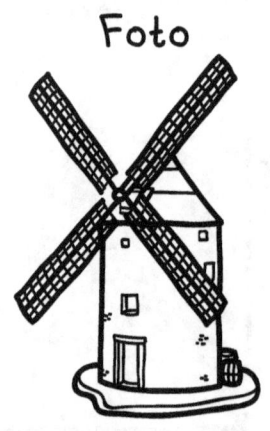

Notas

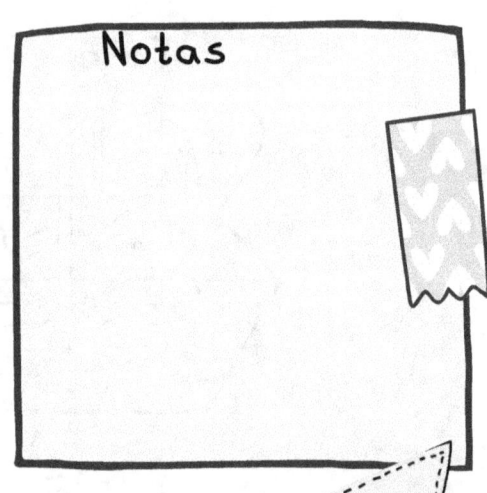

RETO

14. Hacer una excursión para ver las aves migratorias

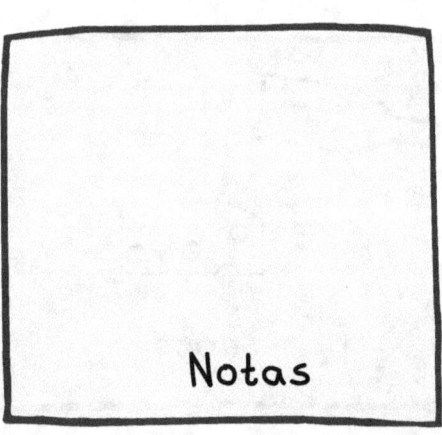

Notas

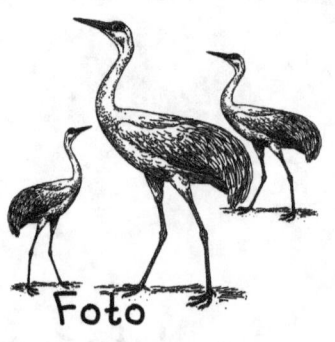

Foto

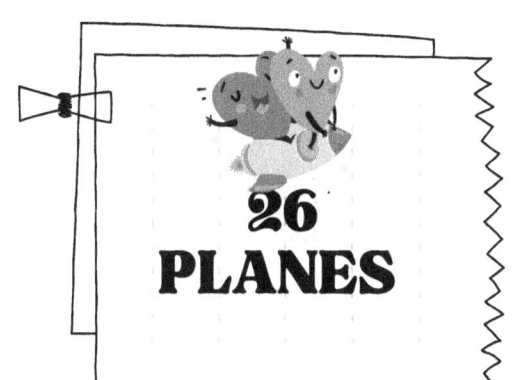

26 PLANES

OTOÑO
con tu pareja

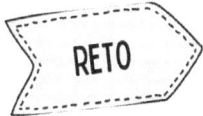RETO

15. Ir a una feria de artesanías

Foto

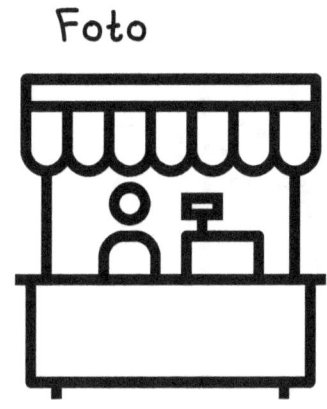

Notas

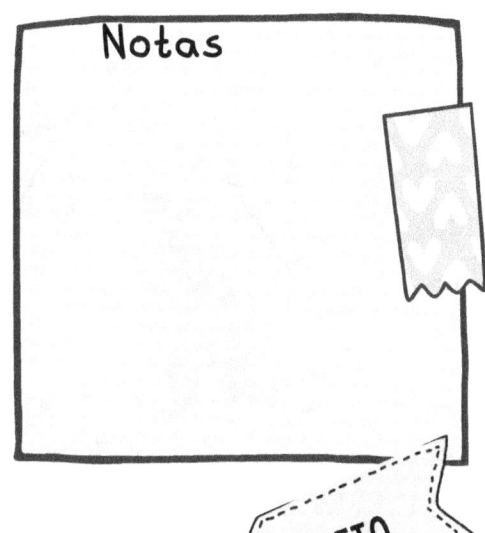

RETO

16. Ir a un espectáculo de teatro al aire libre

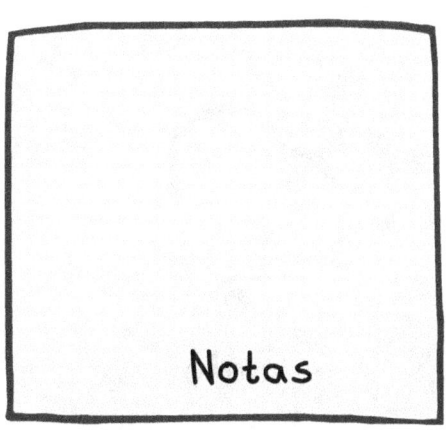

Notas

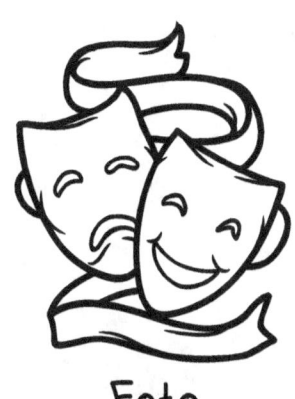

Foto

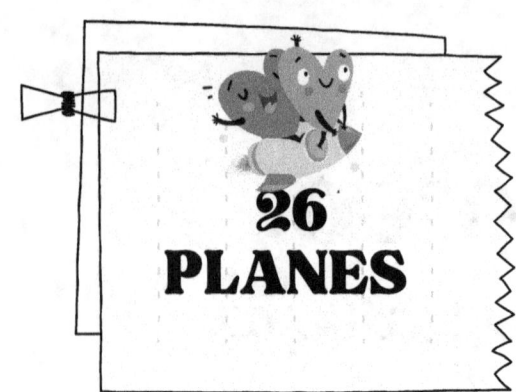

26 PLANES

OTOÑO
con tu pareja

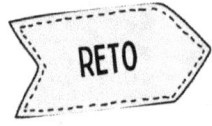

RETO

17. Ir a una sesion de haloterapia (cueva de sal)

Foto

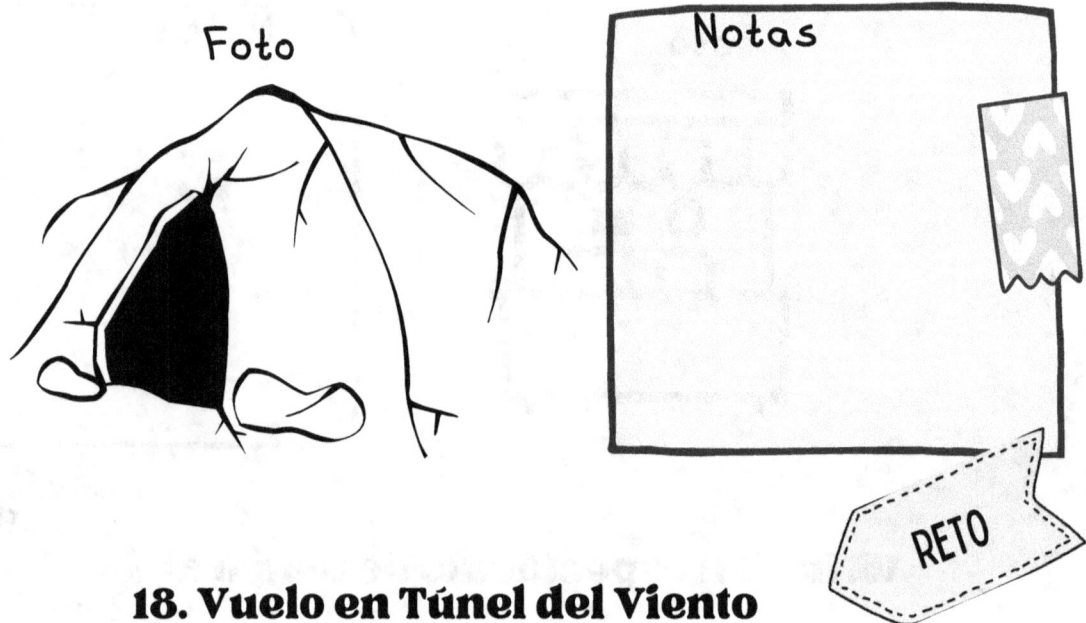

Notas

RETO

18. Vuelo en Túnel del Viento

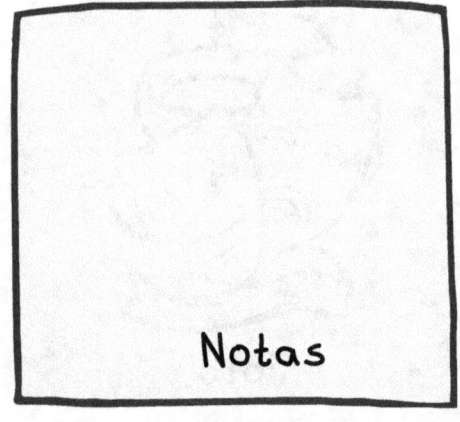

Notas

Foto

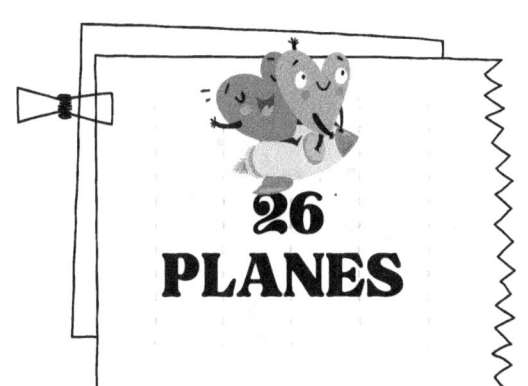

26 PLANES

OTOÑO
con tu pareja

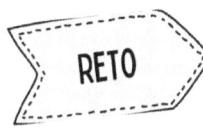
RETO

19. Hacer un paseo por un bosque para ver las hojas de otoño

Foto

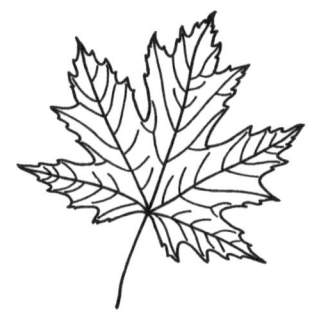

Notas

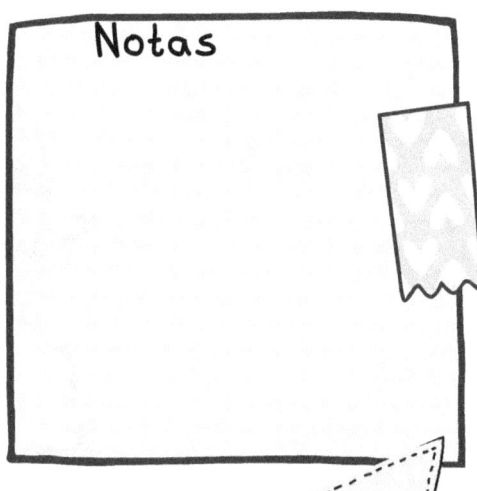

RETO

20. Visitar un mariposario

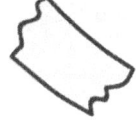

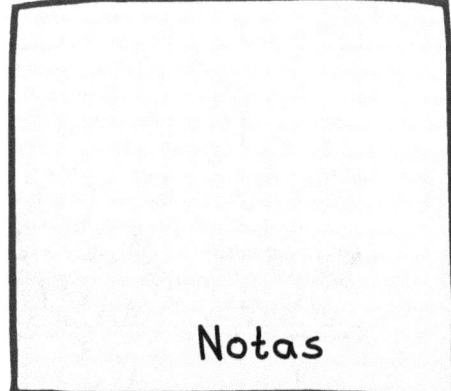

Notas

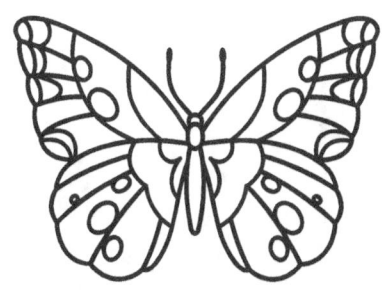

Foto

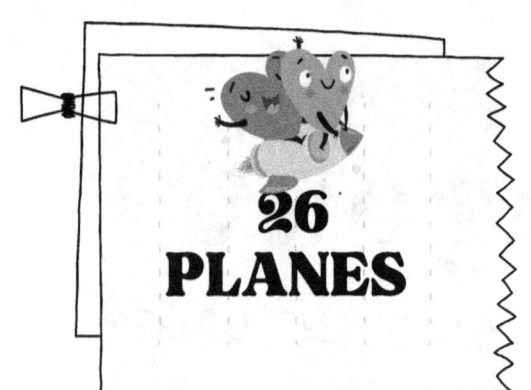

26 PLANES

OTOÑO
con tu pareja

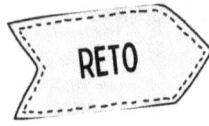

RETO

21. Participar en un juego de escape rooom original

Foto

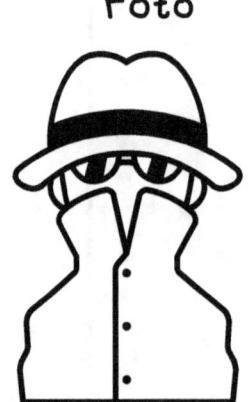

Notas

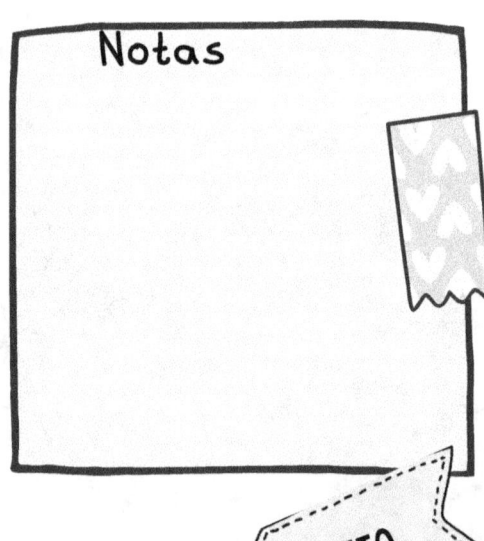

RETO

22. Paseo por un parque nacional

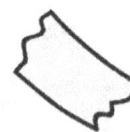

Notas

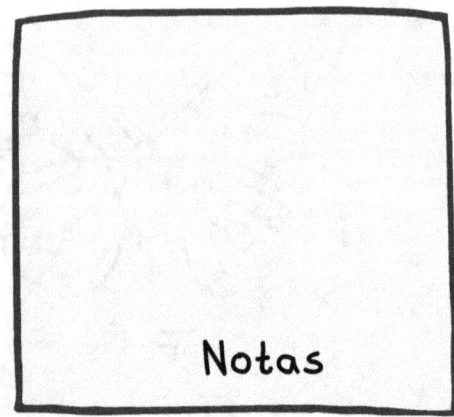

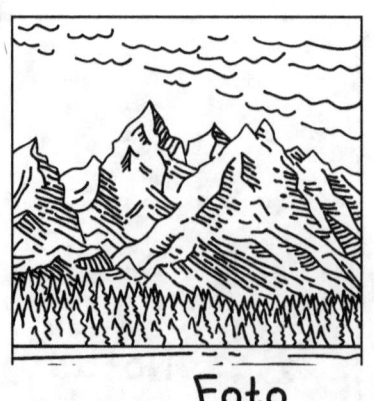

Foto

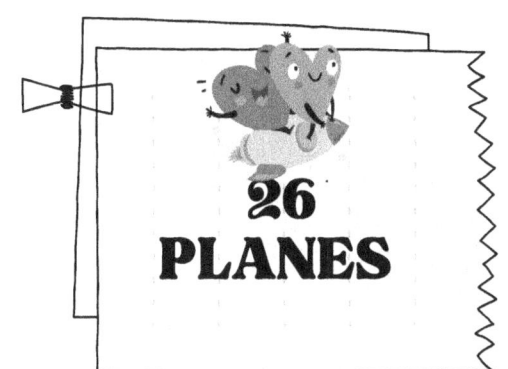

26 PLANES

OTOÑO
con tu pareja

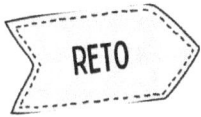
RETO

23. Participar en un taller de risoterapia

Foto

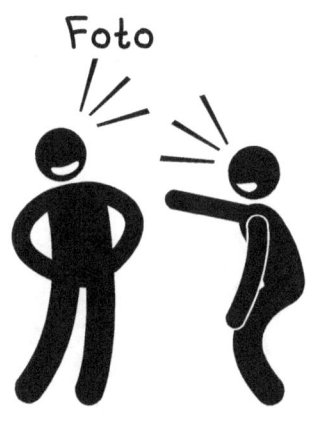

Notas

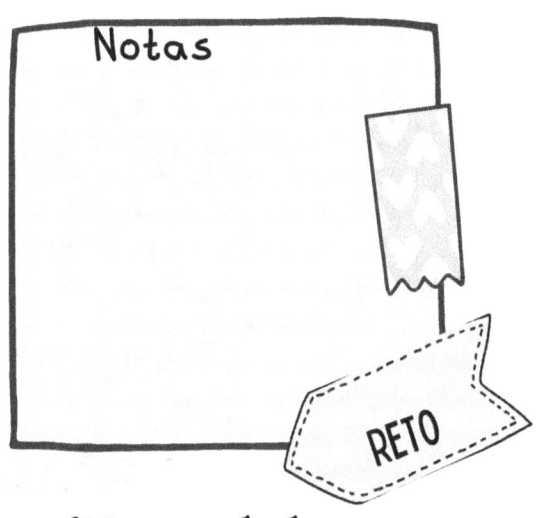

RETO

24. Visitar un museo raro como (Museo de la Inquisición, Museo de las relaciones rotas o de las Ilusiones ópticas)

Notas

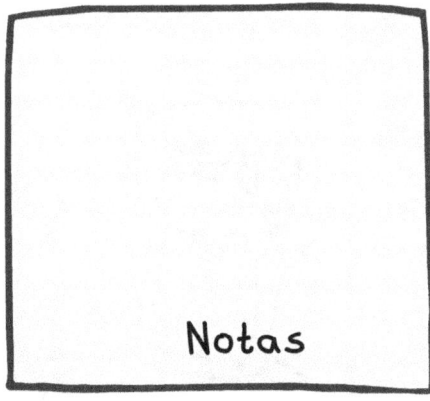

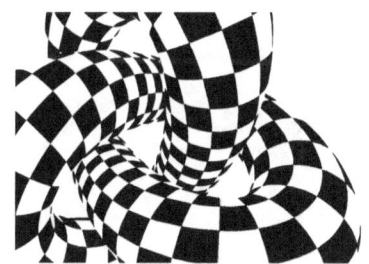

Foto

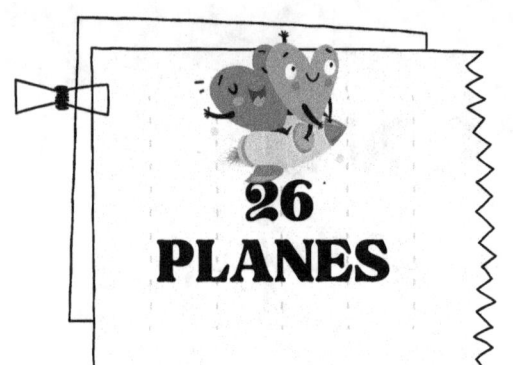

26 PLANES

OTOÑO
con tu pareja

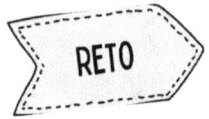
RETO

25. Ver un espectáculo de Broadway

Foto

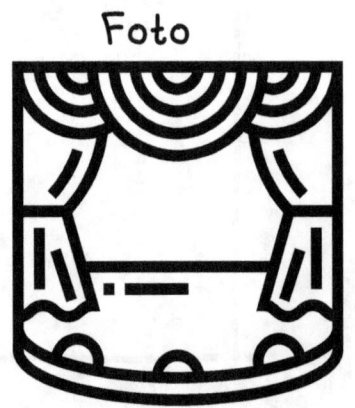

Notas

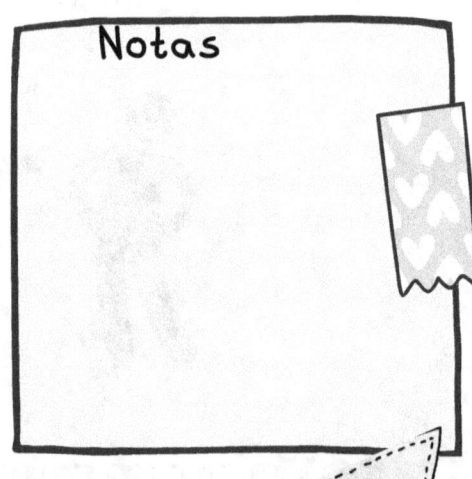

RETO

26. Comprarse un capricho por "Black Friday"

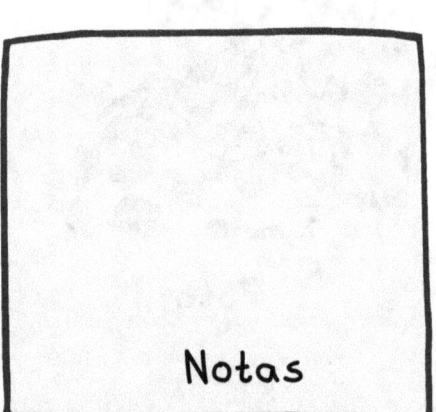

Notas

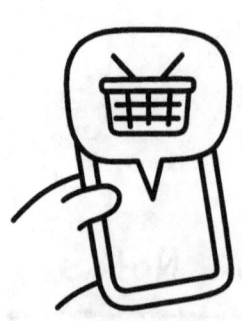

Foto

26 PLANES

EN INVIERNO

con tu pareja

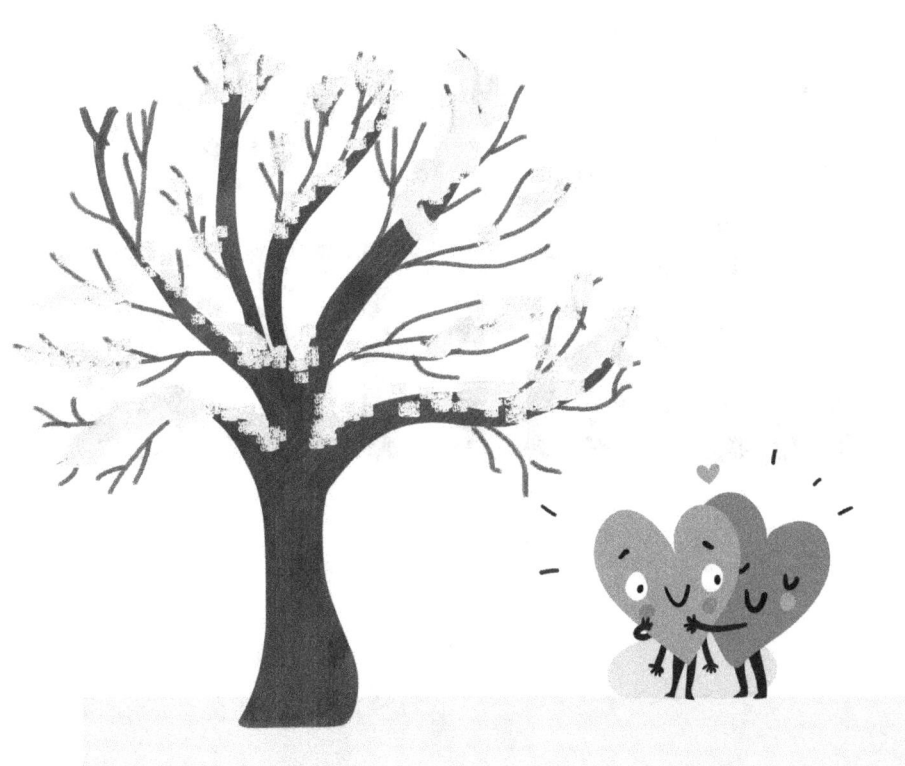

Sueña
SIN MIEDOS
Vive SIN
LÍMITES

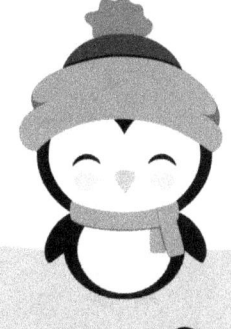

Cosas que llevar

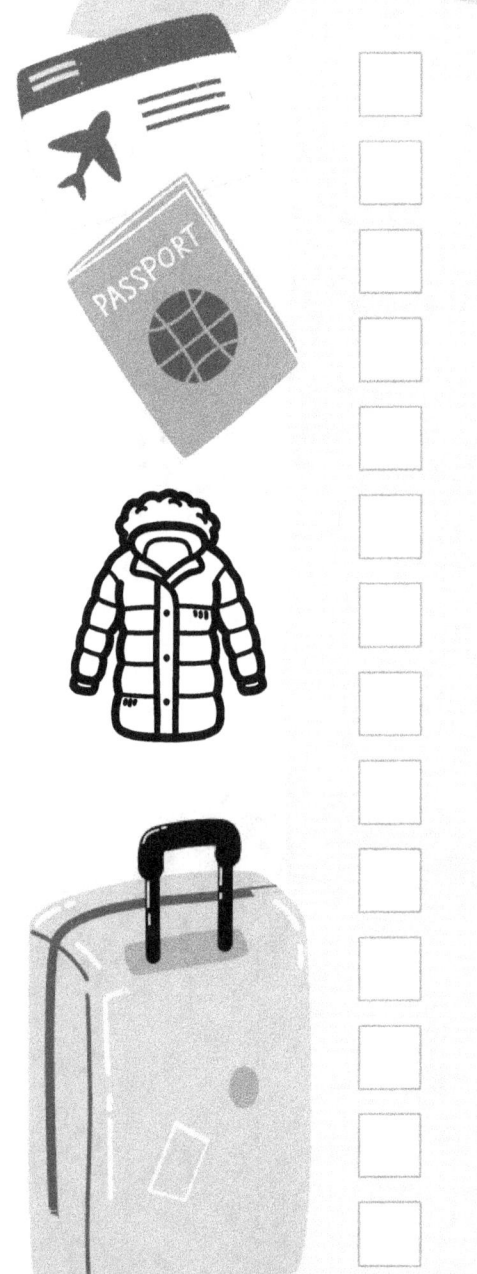

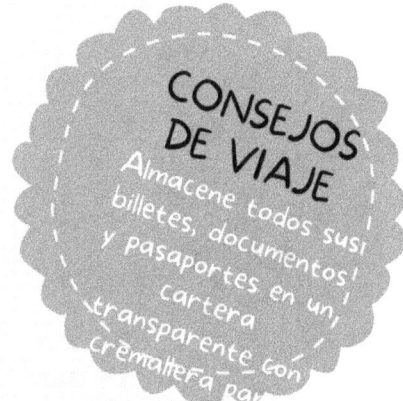

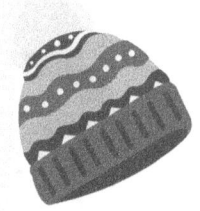

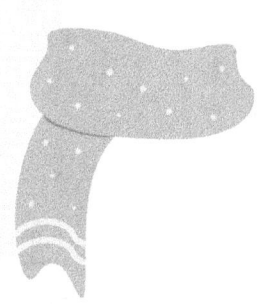

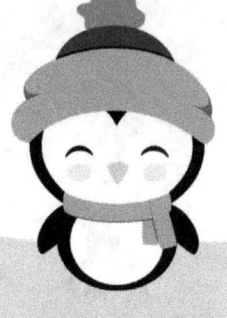

Cosas que llevar

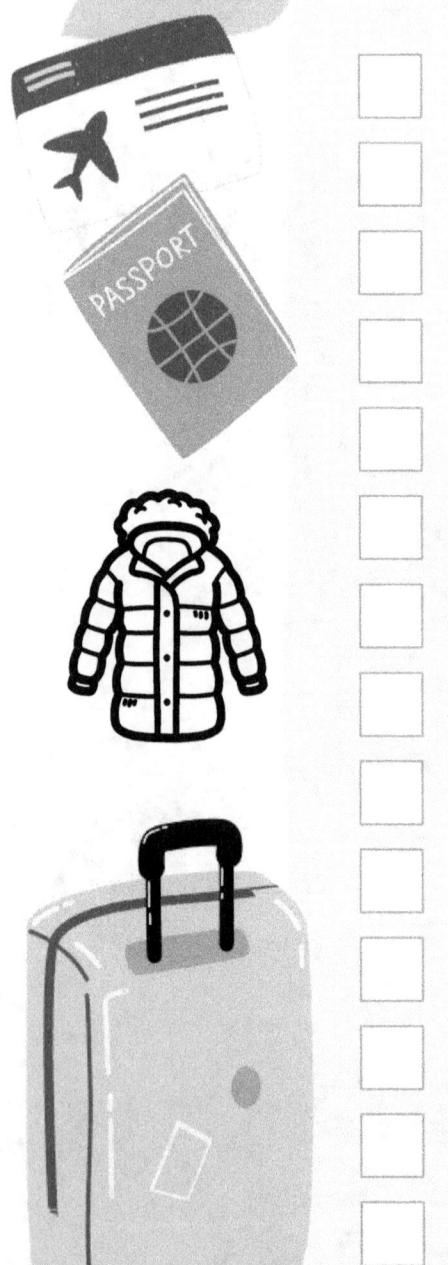

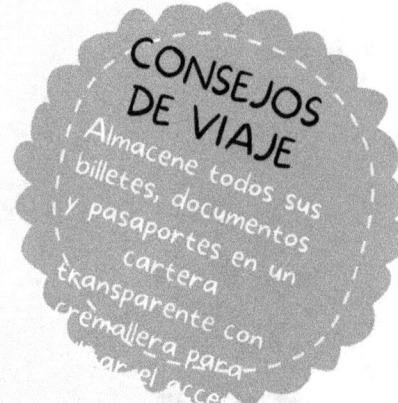
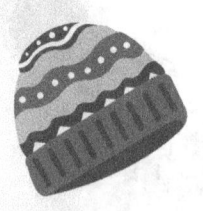

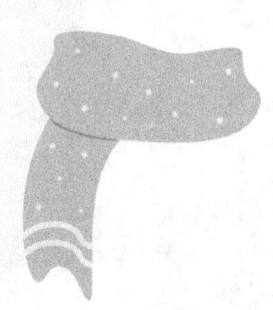

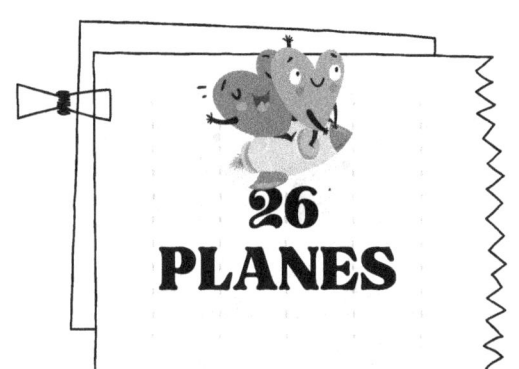

26 PLANES

INVIERNO
con tu pareja

1. Visitar un mercado navideño de una ciudad europea y comprar un recuerdo

RETO

Foto

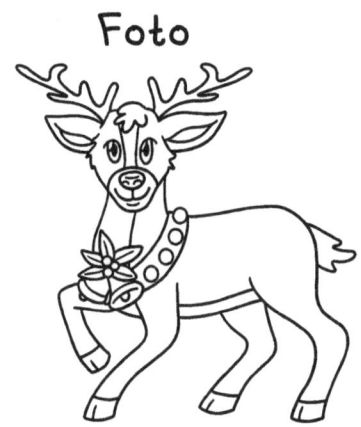

Notas

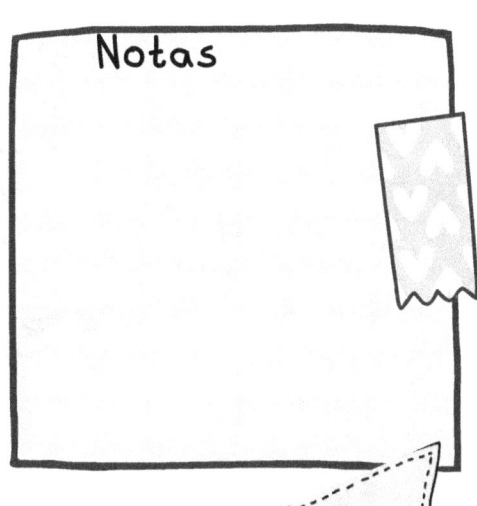

RETO

2. Ir a un espectáculo de hipnosis

Notas

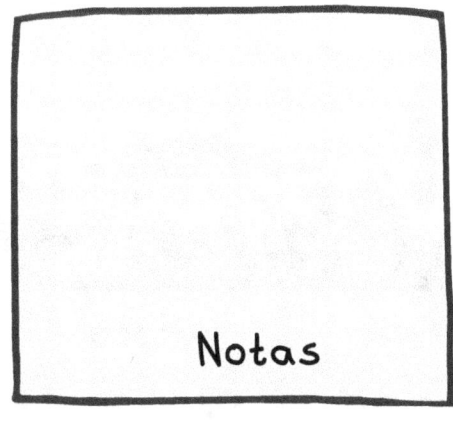

Foto

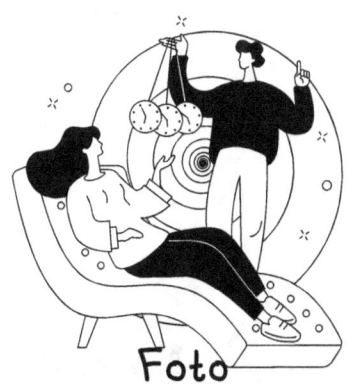

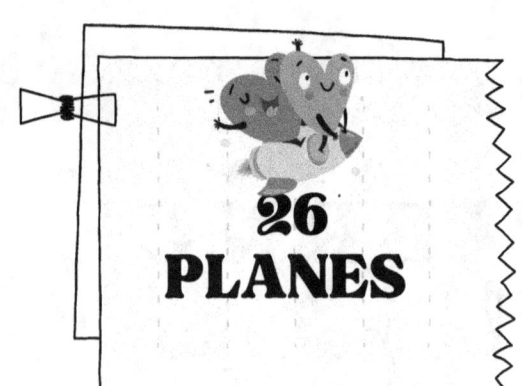

26 PLANES

INVIERNO
con tu pareja

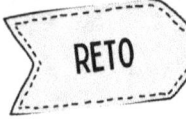
RETO

3. Bailar desnudos por san valentín al son de vuestra canción favorita

Foto

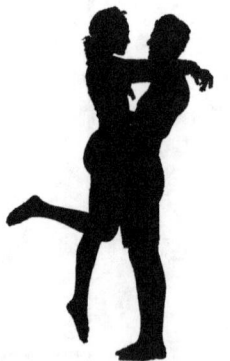

Notas

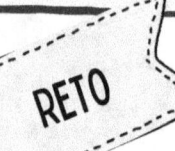

RETO

4. visitar un belén viviente

Notas

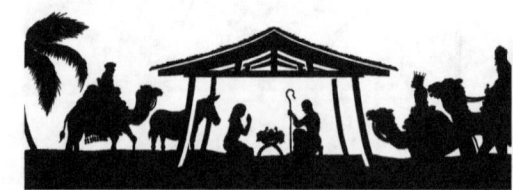

Foto

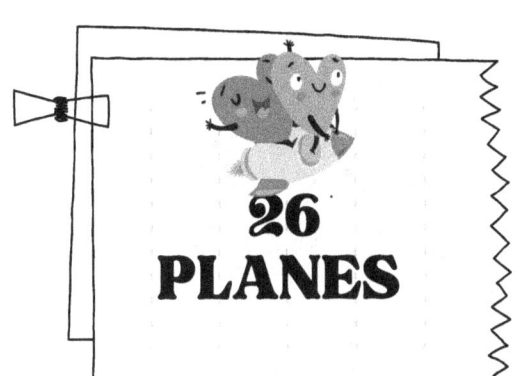

INVIERNO
con tu pareja

RETO

5. Hacer un karaoke junto al árbol navideño para cantar villancicos

Foto

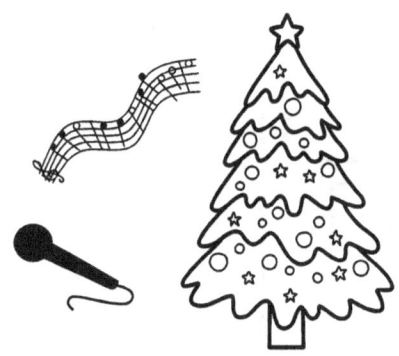

Notas

RETO

6. Hacer una búsqueda del tesoro con pistas para que tu pareja encuentre su regalo de Navidad

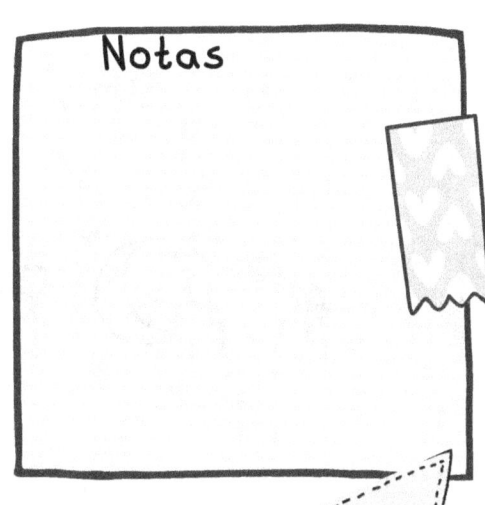

Notas

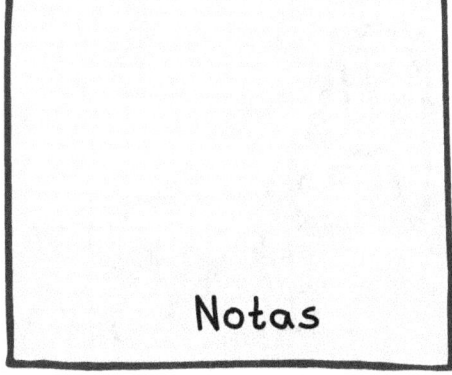

Foto

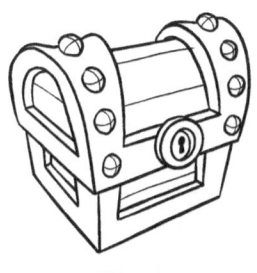

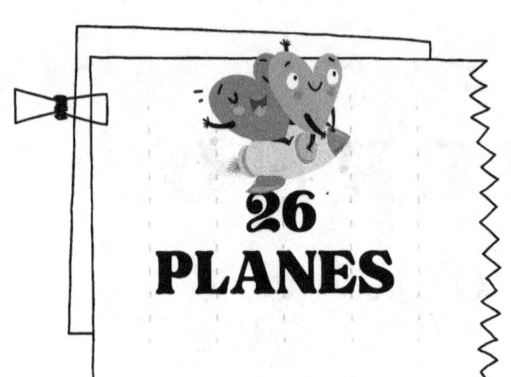

26 PLANES

INVIERNO
con tu pareja

RETO

7. Cena romántica junto a una chimenea

Foto

Notas

RETO

8. Hacer una excursión en trineo tirado por perros o en moto nieve

Notas

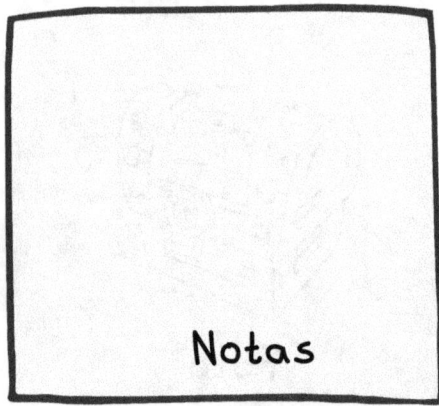

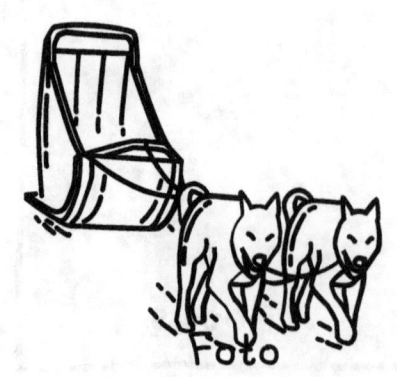

Foto

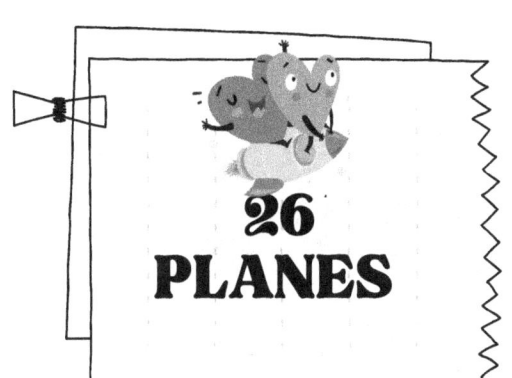

26 PLANES

INVIERNO
con tu pareja

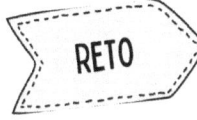 RETO

9. Ir a un spa acristalado y bañarse contemplando el paisaje

Foto

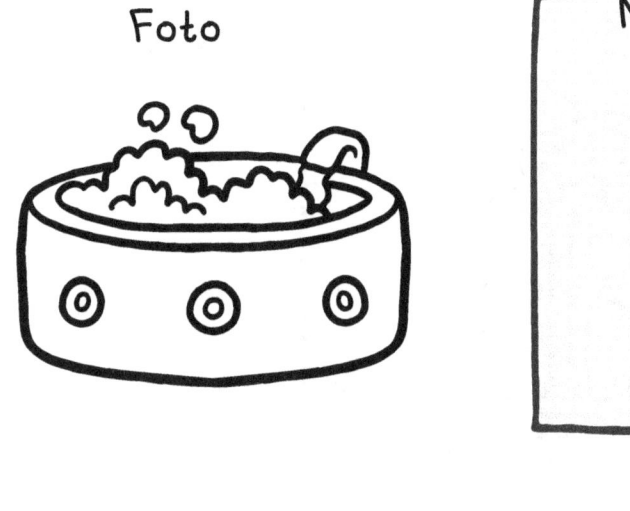

Notas

RETO

10. Un masaje privado para dos

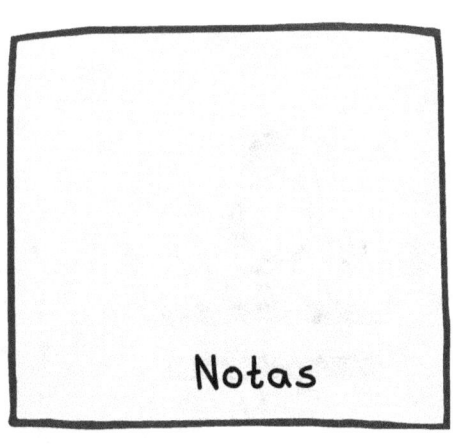

Notas

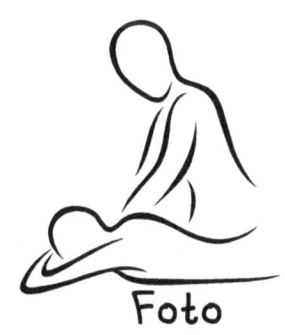

Foto

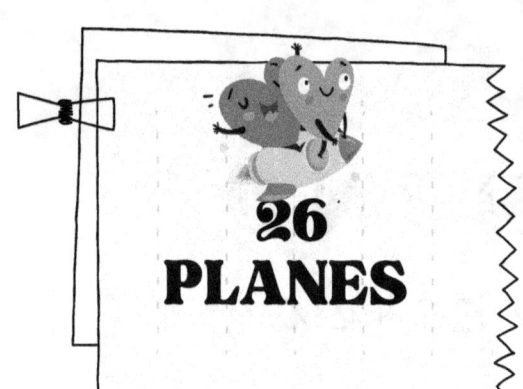

26 PLANES

INVIERNO
con tu pareja

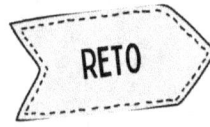

RETO

11. Ir a un museo de cera y hacer una foto divertida

Foto

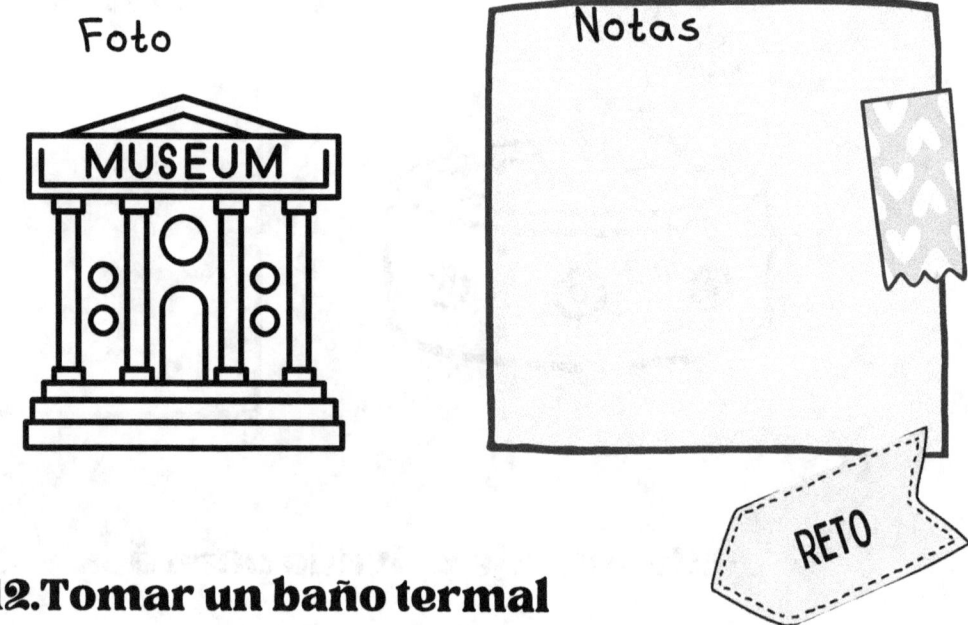

Notas

RETO

12. Tomar un baño termal

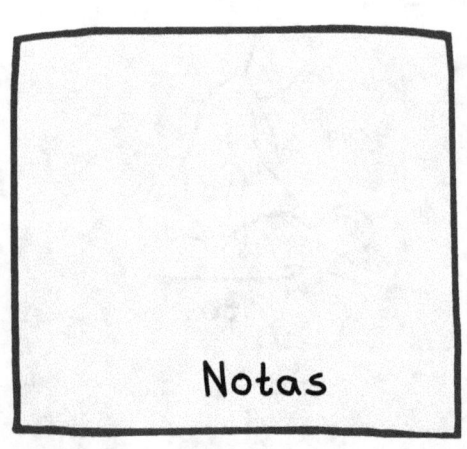

Notas

Foto

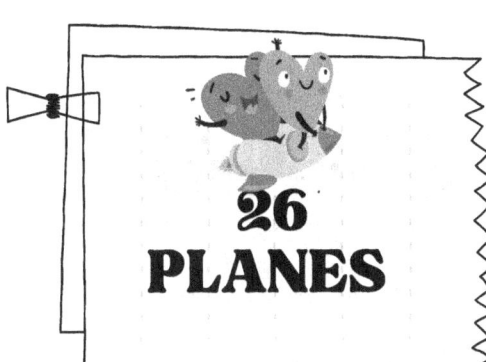

INVIERNO
con tu pareja

RETO

13. Ir a una cabaña de invierno y tomar un chocolate con churros mientras contemplas la nieve caer

Foto

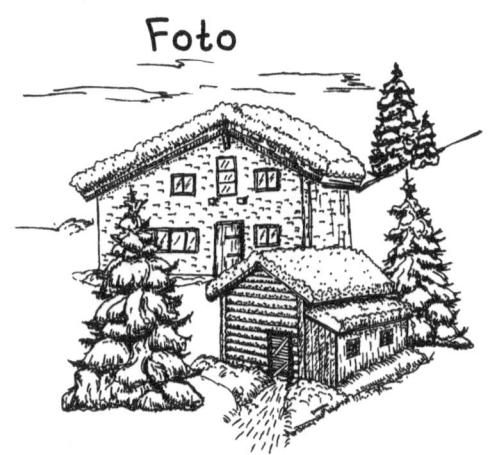

Notas

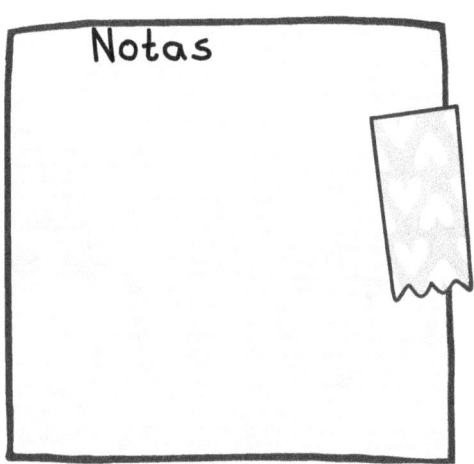

14. Visita teatralizada por la Bodega Medieval

RETO

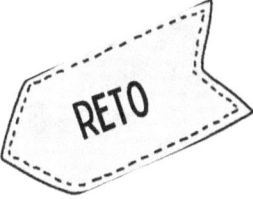

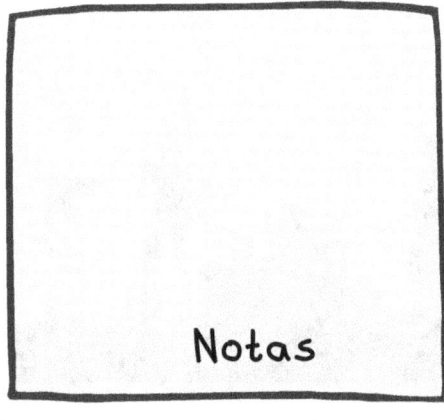

Notas

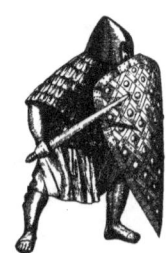

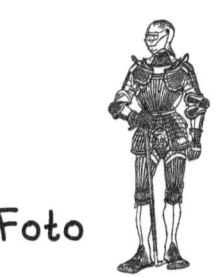

Foto

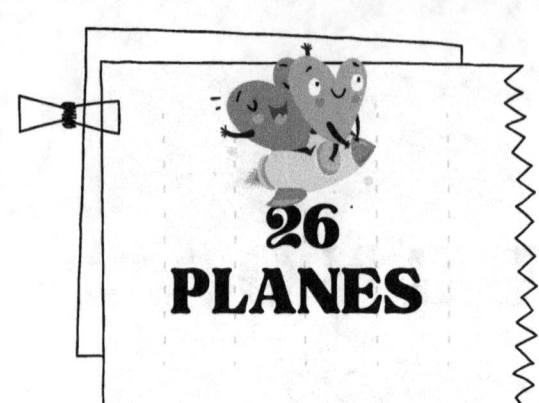

26 PLANES

INVIERNO
con tu pareja

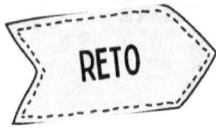

RETO

15. Cena en un Restaurante Submarino

Foto

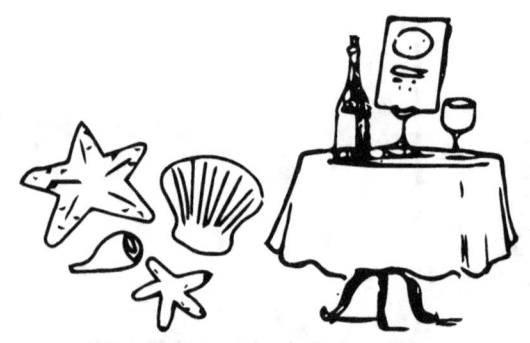

Notas

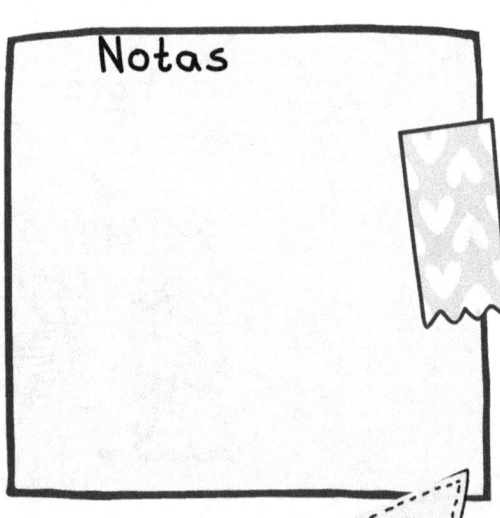

RETO

16. Ir a un bar para escuchar música en vivo

Notas

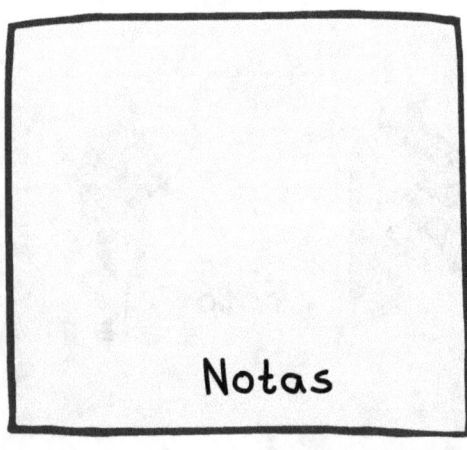

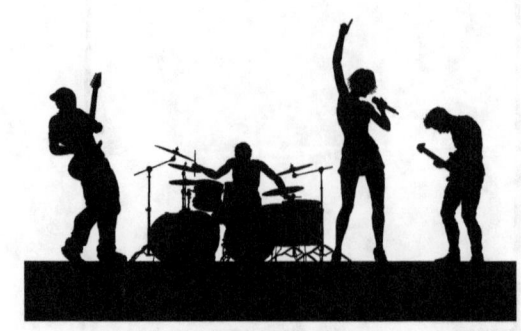

Foto

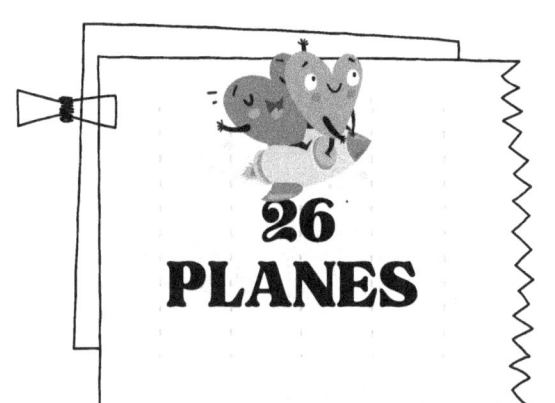

26 PLANES

INVIERNO
con tu pareja

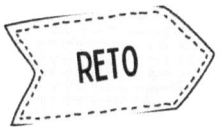
RETO

17. Ir al cine con pantalla gigante o Imax

Foto

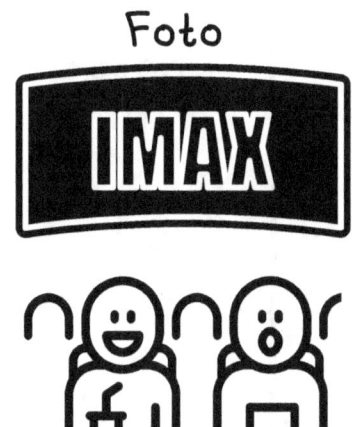

Notas

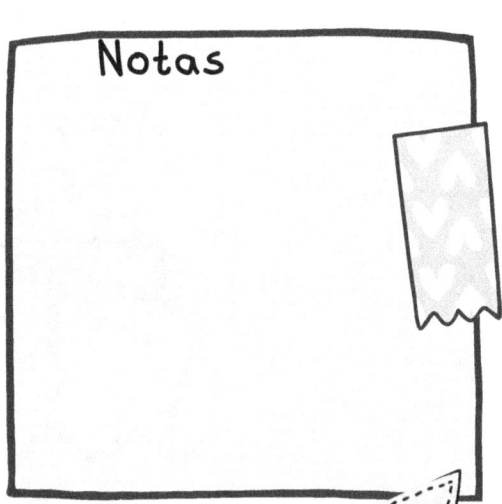

RETO

18. Visitar el Museo de Ciencias Naturales, Pintura o ferrocarril

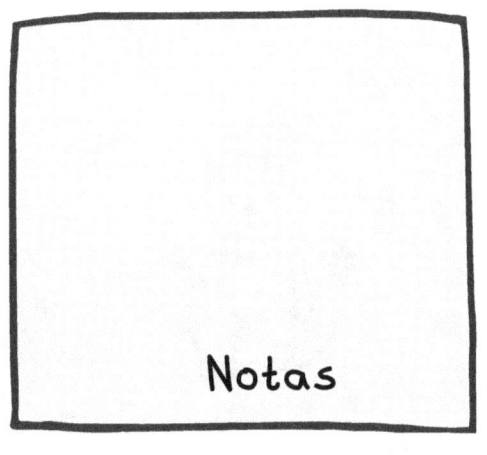

Notas

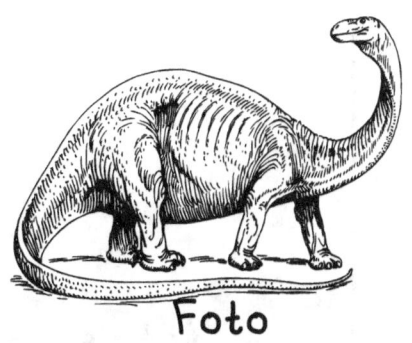

Foto

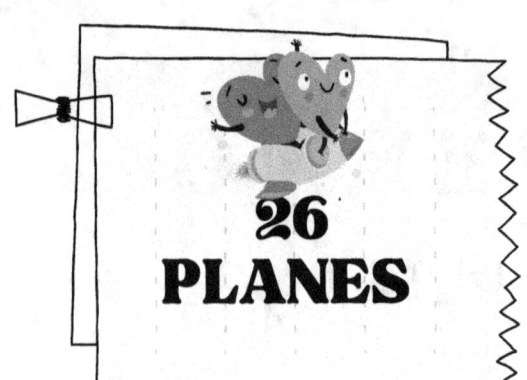

26 PLANES

INVIERNO
con tu pareja

19 Tomarse unas vacaciones para hacer una excursión en barco en un lago congelado

Foto

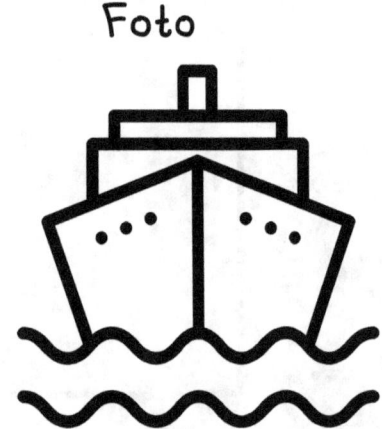

Notas

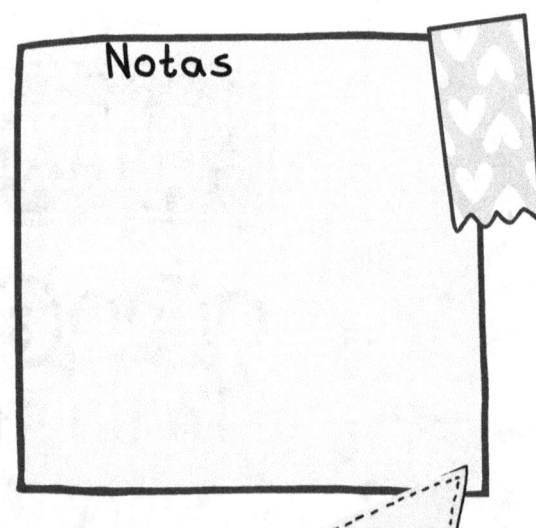

20. Participar en una competición de construcción de muñecos de nieve

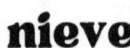

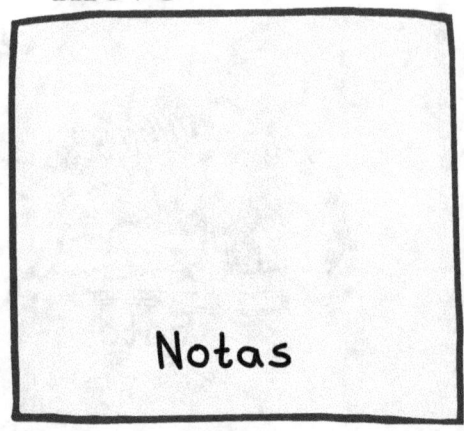

Notas

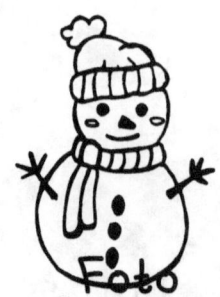

Foto

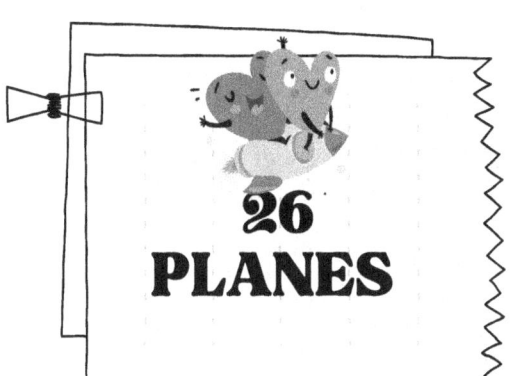

26 PLANES

INVIERNO
con tu pareja

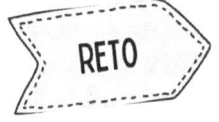

RETO

21. Ir a un espectáculo de magia con humor

Foto

Notas

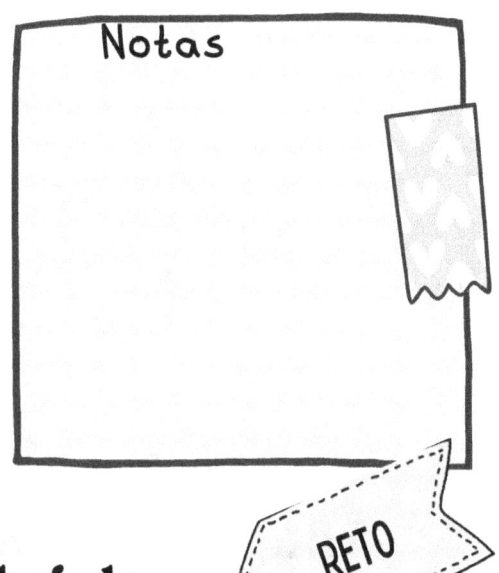

RETO

22. Maratón de serie bajo la mantita

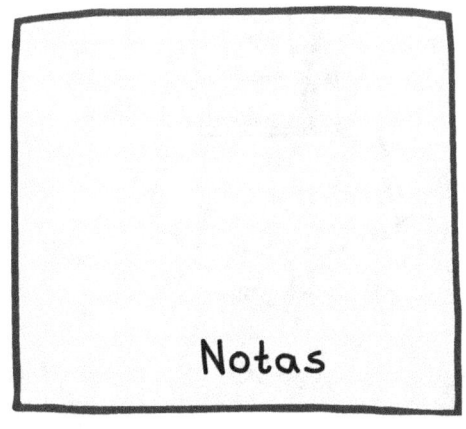

Notas

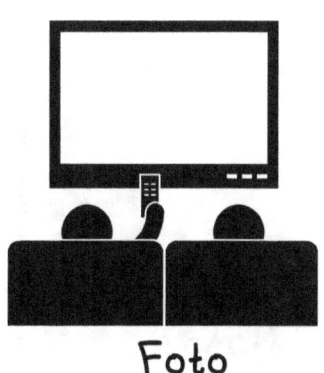

Foto

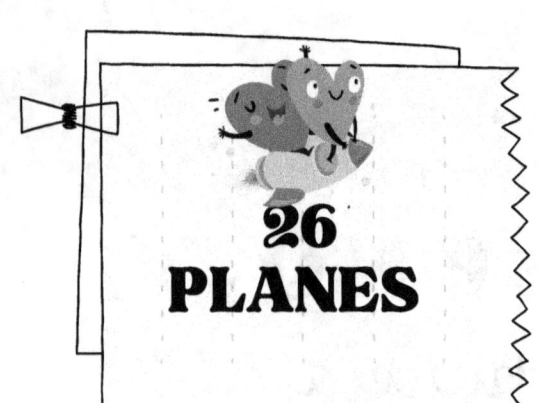

26 PLANES

INVIERNO
con tu pareja

RETO **23. Participar en una excursión en raquetas de nieve bajo la luz de la luna**

Foto

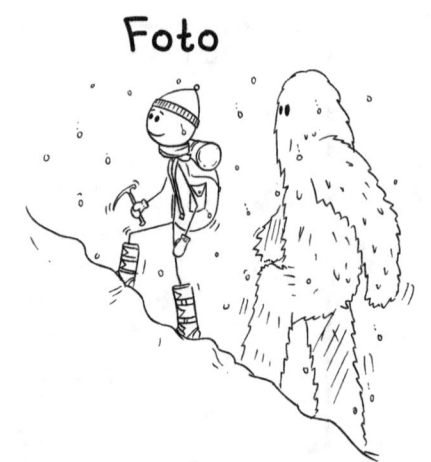

Notas

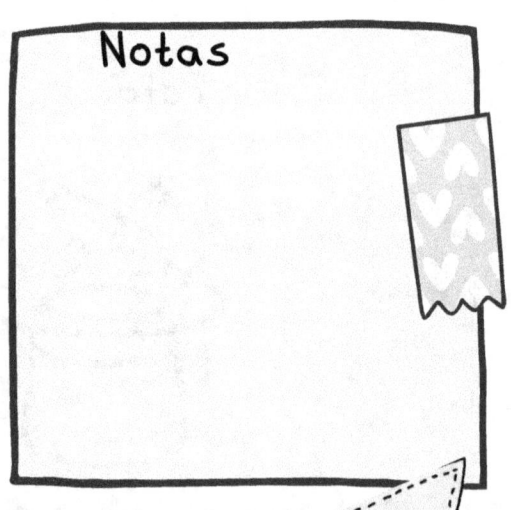

24. Ir a un restaurante para probar una comida típica del invierno (asados..)

RETO

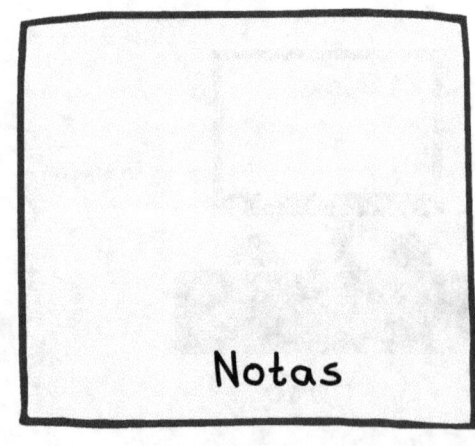

Notas

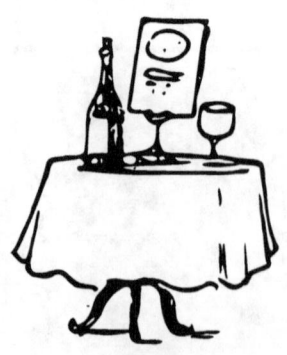

Foto

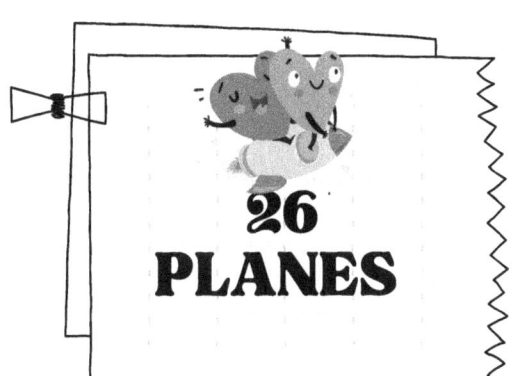

26 PLANES

INVIERNO
con tu pareja

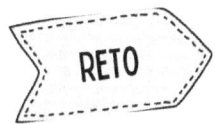
RETO

25. Ir a un desfile de carnaval

Foto

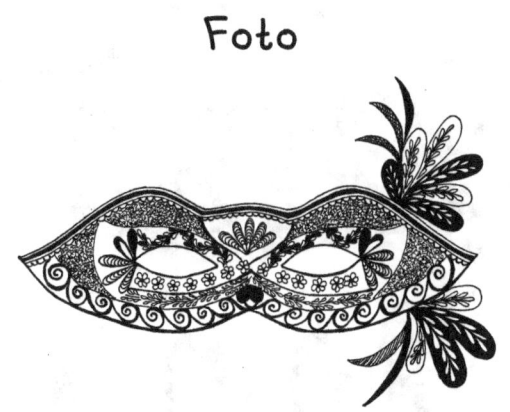

Notas

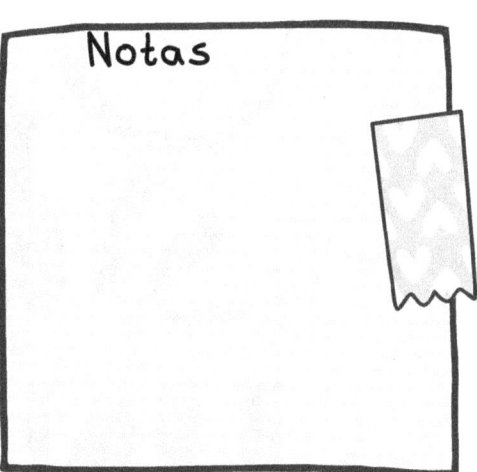

26. Celebrar la Noche Vieja en un lugar donde haga una temperatura opuesta a la tuya

RETO

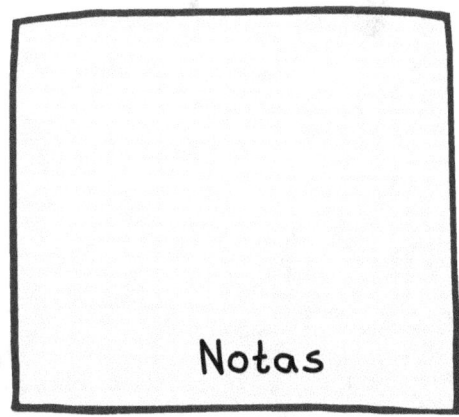

Notas

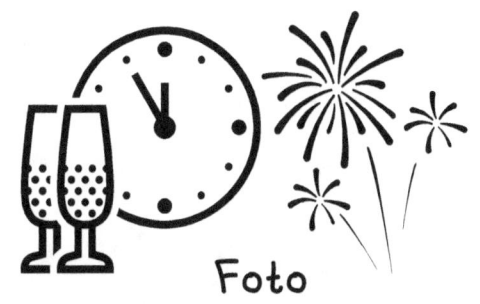

Foto

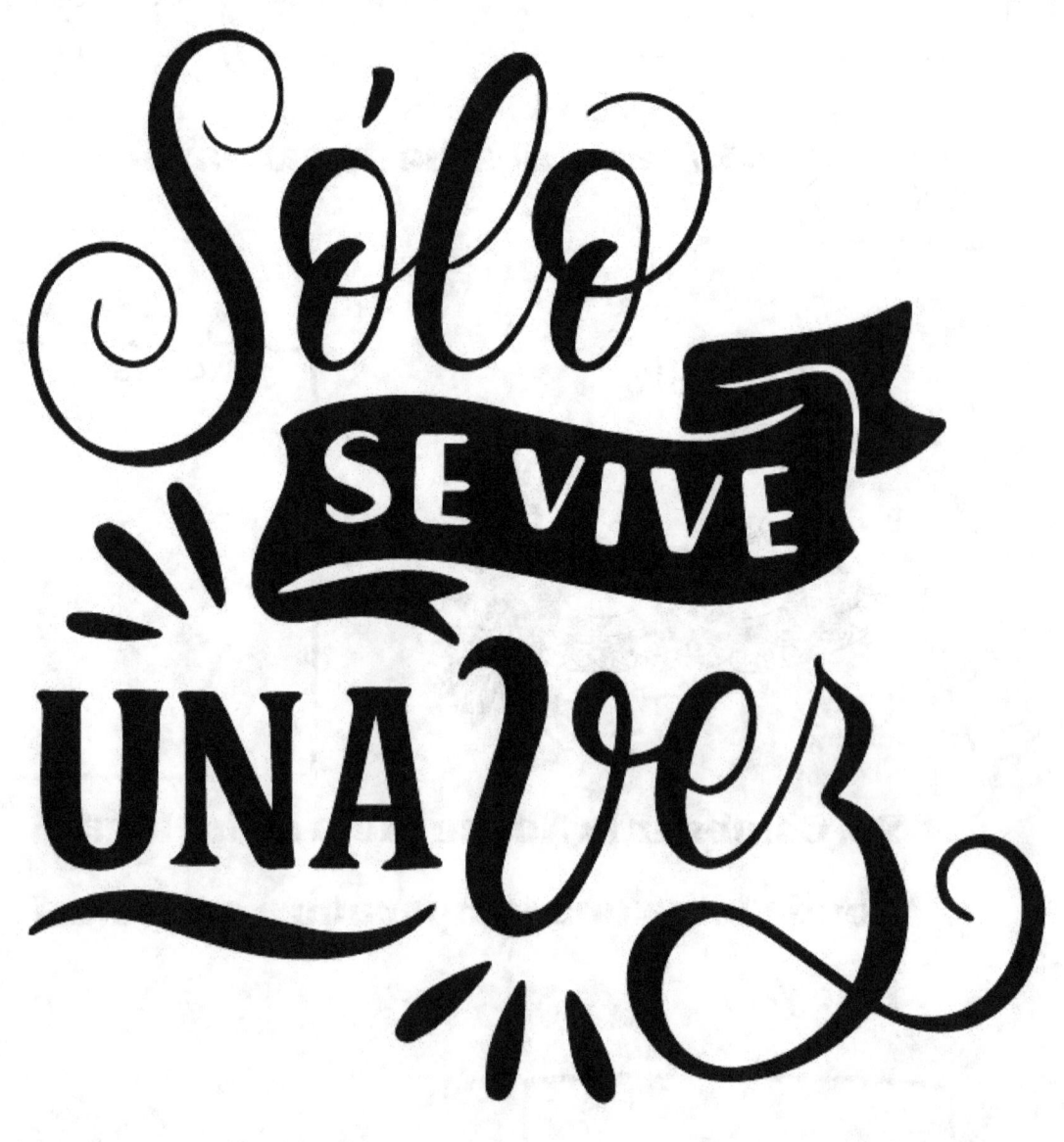

Sólo se vive una vez

22 PLANES
TODO EL AÑO
con tu pareja

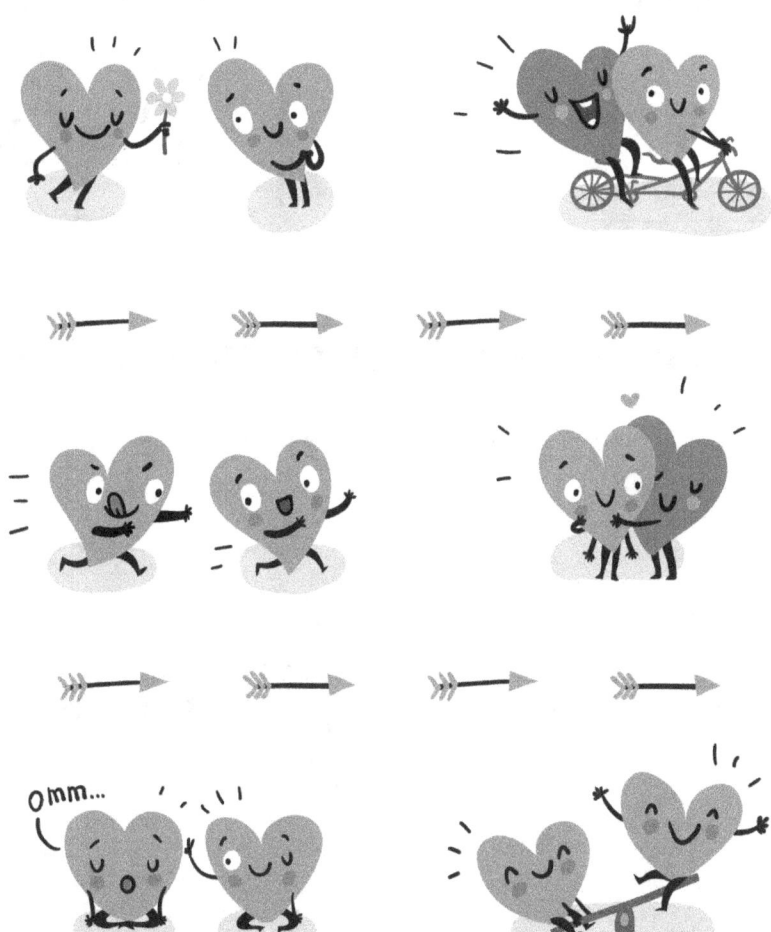

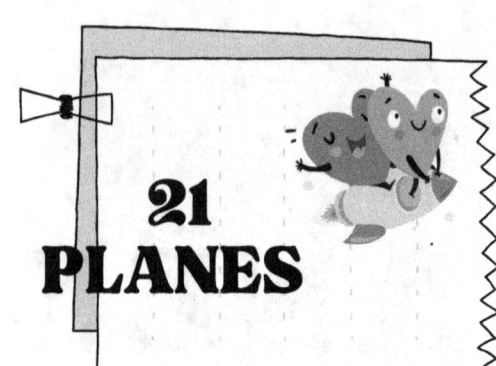 **21 PLANES** *con tu pareja*

Foto

1. Tener una mascota

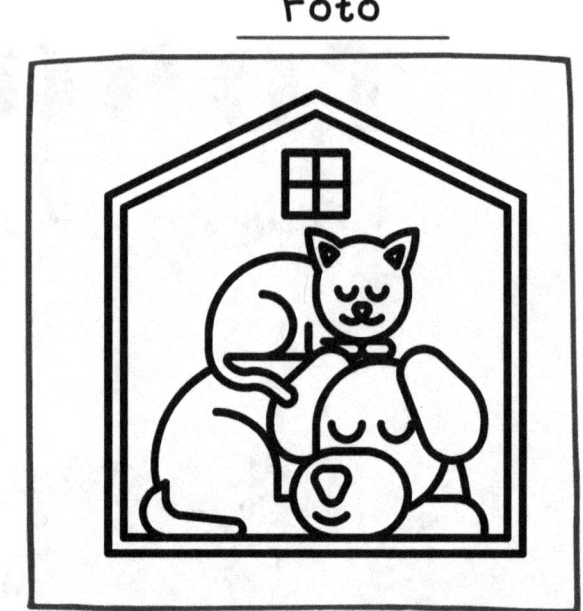

2. Jugar al Trivial para Parejas (www.trivialparaparejas.com)

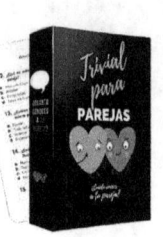

Persona 1

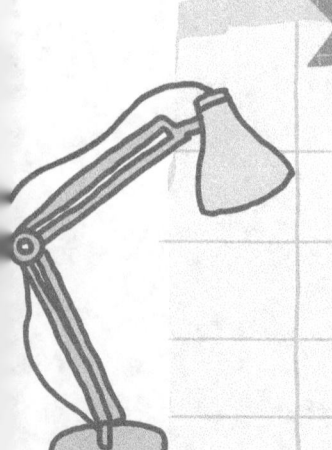

Persona 2

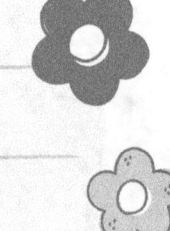

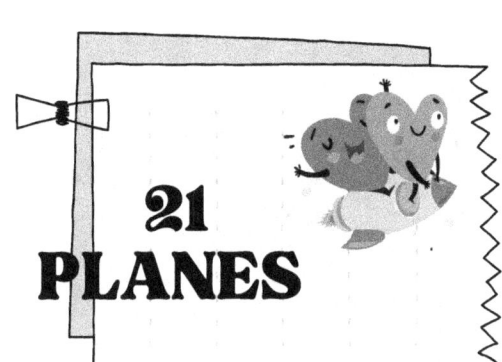

21 PLANES

con tu pareja

RETO

3. Ir a un restaurante a ciegas (sin sentido de la vista)

Foto

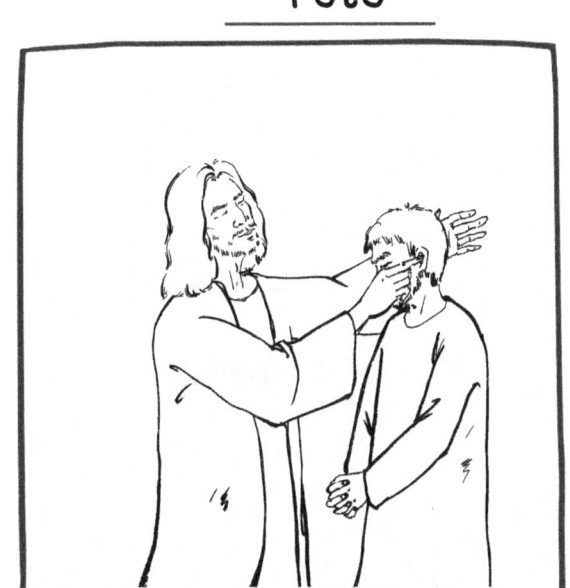

RETO

4. Haz el viaje de tus sueños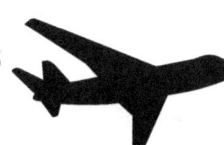

Persona 1

Persona 2

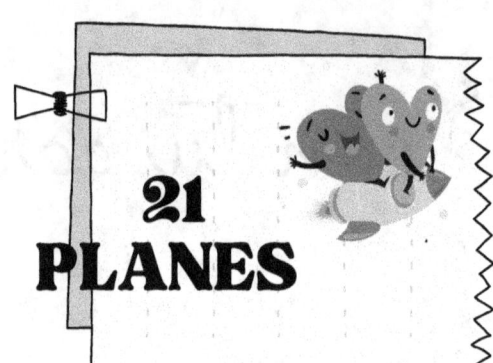

21 PLANES

con tu pareja

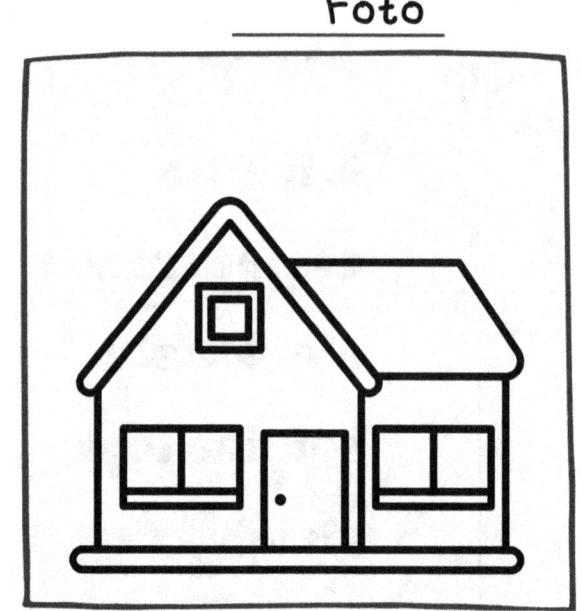

Foto

5. Comprar una casa

6. Escribir 3 cualidades que admires en tu pareja

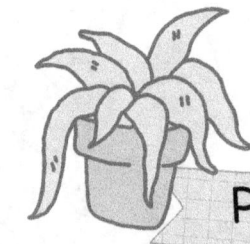

Persona 1

Persona 2

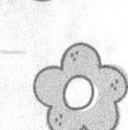

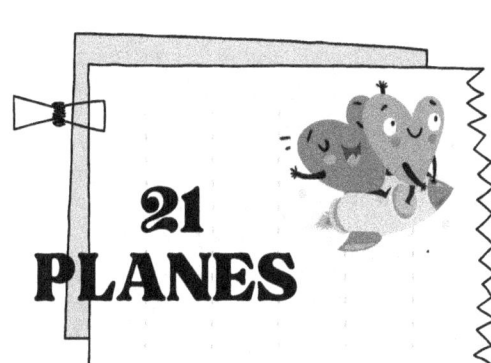

21 PLANES

con tu pareja

Foto

7. Hacer una cápsula del tiempo para abrir en 2 años con 3 deseos cada uno

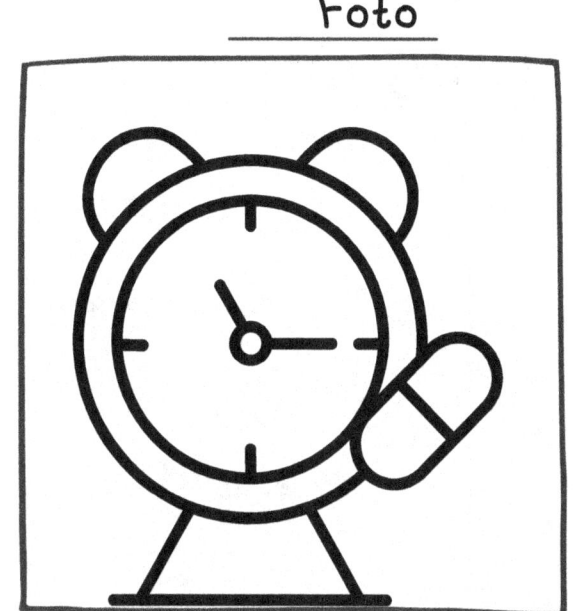

8. Hacer un regalo sorpresa fuera de fecha

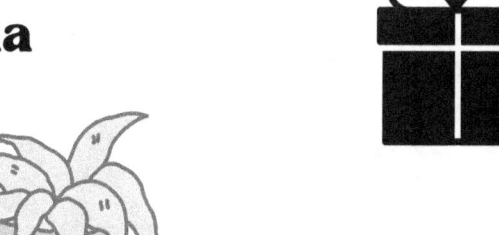

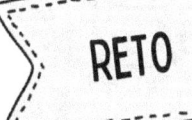

Persona 1

Persona 2

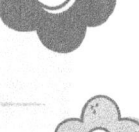

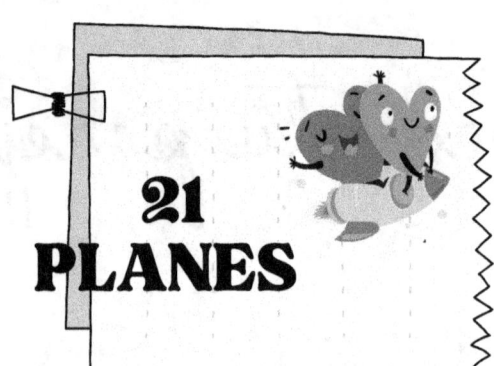

21 PLANES con tu pareja

9. Participar una obra de teatro interactivo

Foto

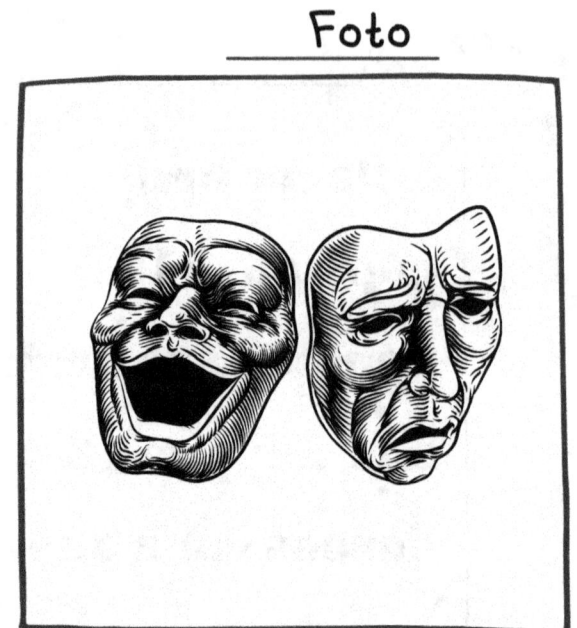

10. Aprender un truco de magia y hacérselo a los amigos

Persona 1

Persona 2

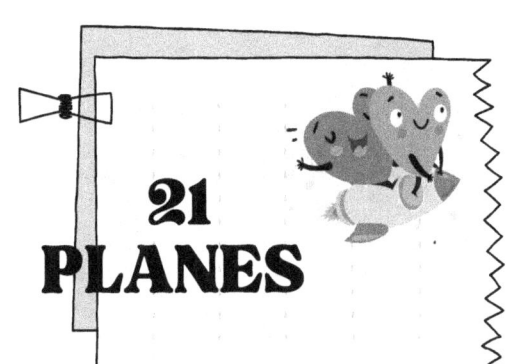

21 PLANES

con tu pareja

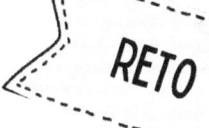

11. Ir a ver a un cómico en directo

Foto

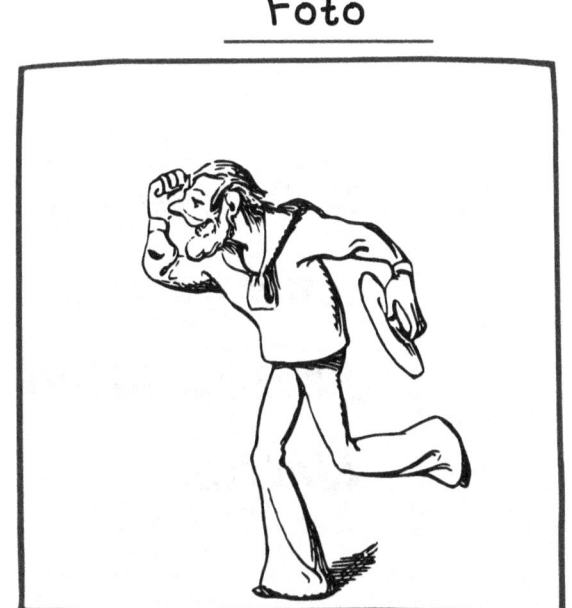

12. Dar las gracias a tu pareja por algo que ha hecho por ti

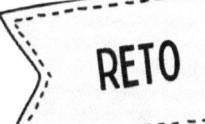

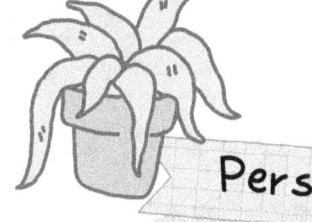

Persona 1

Persona 2

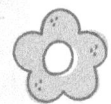

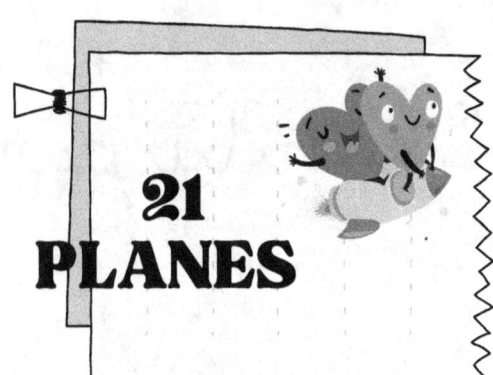

21 PLANES

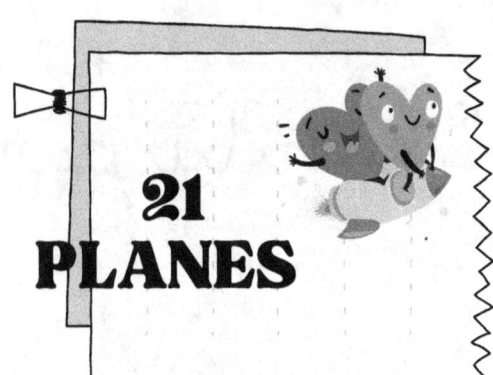

con tu pareja

Foto

13. Ir a un sex shop y elegir un juguete, juego o disfraz

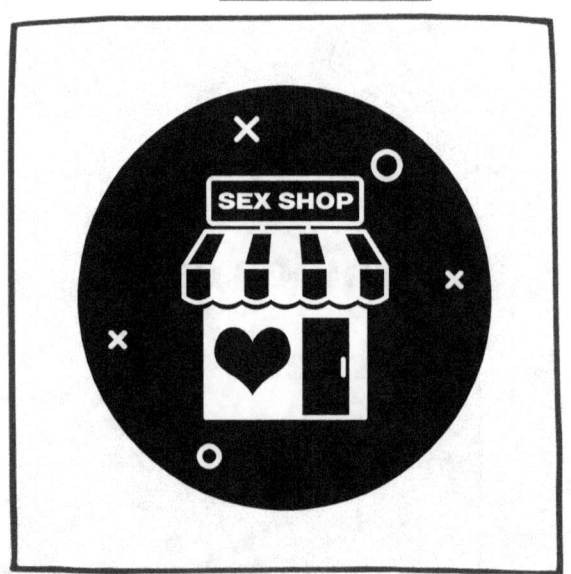

14. Escribir una anécdota divertida en pareja

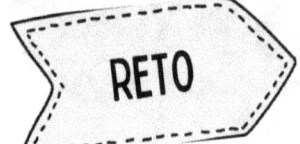
RETO

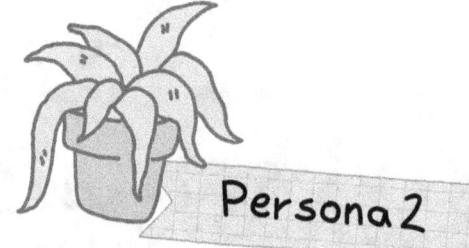
Persona 1 Persona 2

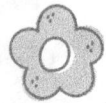

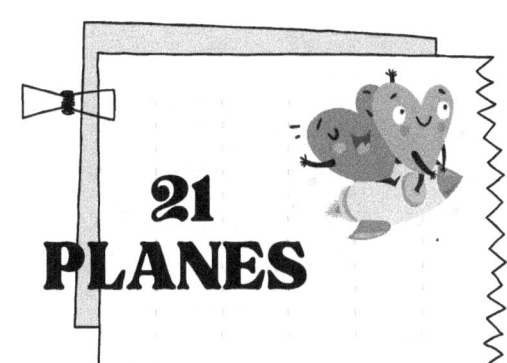

21 PLANES

con tu pareja

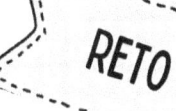

RETO

15. Hacer una fiesta sorpresa para tu pareja

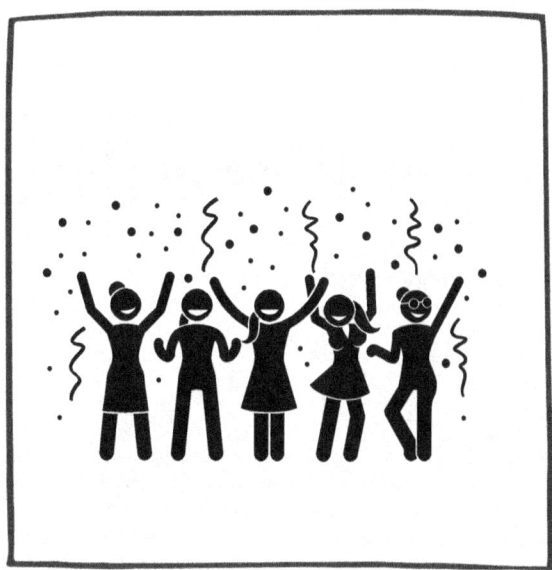

16. Imitar a tu pareja de forma caricaturizada

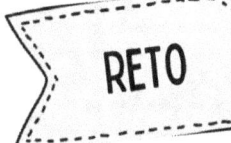

RETO

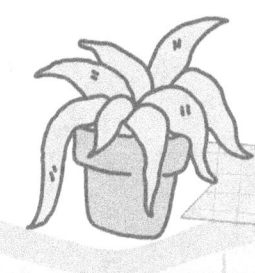

Persona 1

Persona 2

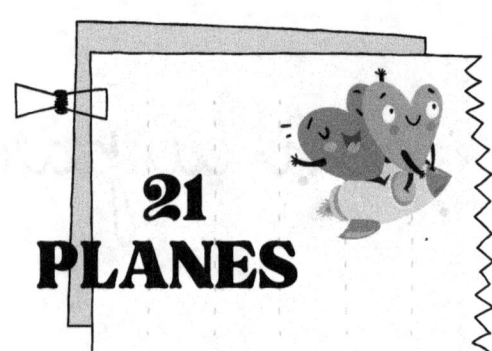

21 PLANES

con tu pareja

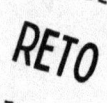

RETO

Foto

17. Jugar al ping pong

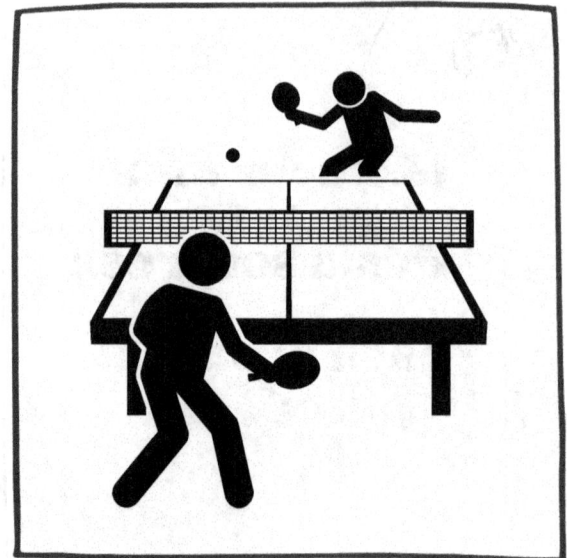

18. Poner en práctica una fantasía sexual

RETO

Persona 1

Persona 2

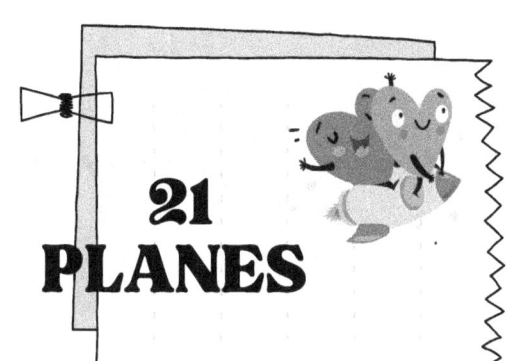

21 PLANES

con tu pareja

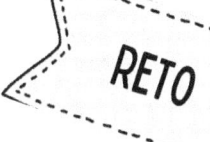

RETO

19. Experimentar juntos la Realidad Virtual

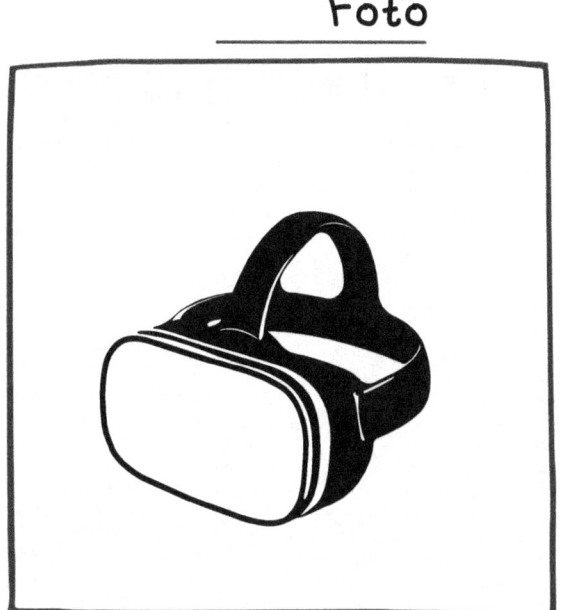

20. Elegir un hobbie de los 100 que hay al final del libro para comenzar uno juntos

RETO

Persona 1

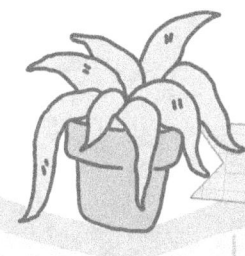

Persona 2

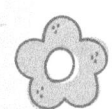

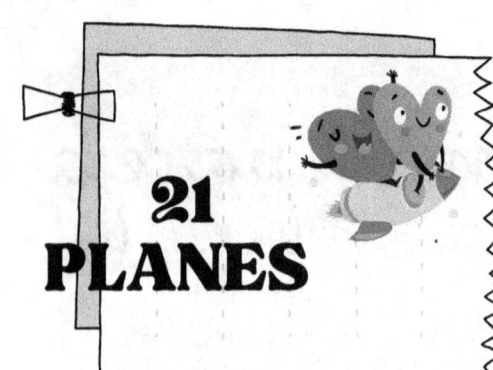

21 PLANES *con tu pareja*

21.Hacer una lista de 100 cosas que queréis hacer en pareja antes de morir

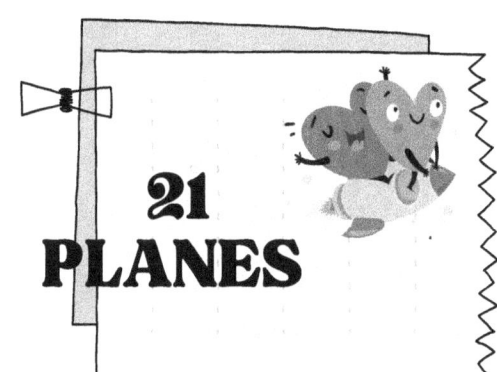

21 PLANES
con tu pareja

21.Hacer una lista de 100 cosas que queréis hacer en pareja antes de morir

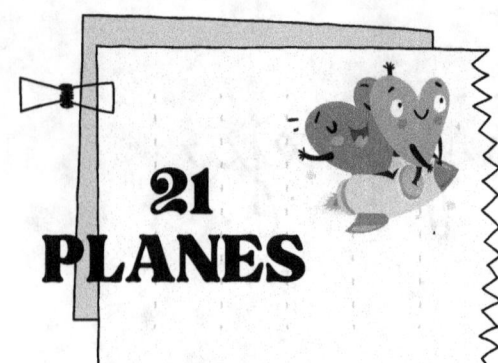

21.Hacer una lista de 100 cosas que queréis hacer en pareja antes de morir

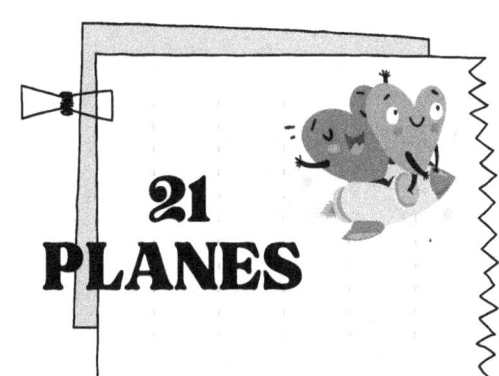

21 PLANES

con tu pareja

21.Hacer una lista de 100 cosas que queréis hacer en pareja antes de morir

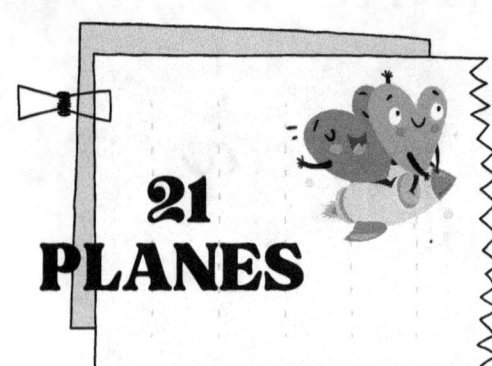

21. Hacer una lista de 100 cosas que queréis hacer en pareja antes de morir

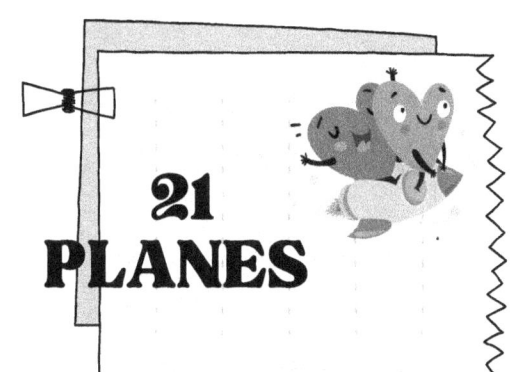

21 PLANES

con tu pareja

21.Hacer una lista de 100 cosas que queréis hacer en pareja antes de morir

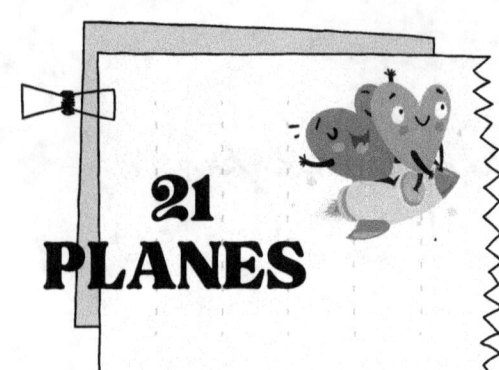

21.Hacer una lista de 100 cosas que queréis hacer en pareja antes de morir

100
HOBBIES

Que bonita
ES LA VIDA DESDE
QUE TE TENGO
a mi lado

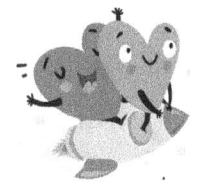 # 100 HOBBIES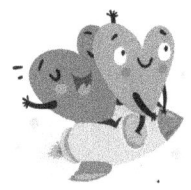

- 1. Hacer arte con hojas de árboles
- 2. Hacer miniaturas de casas
- 3. Aprender a hacer malabares
- 4. Investigar la historia de tu ciudad
- 5. Hacer manualidades con papel reciclado
- 6. Hacer collages con revistas viejas
- 7. Hacer pulseras con hilos de colores
- 8. Hacer joyería con alambre y cuentas
- 9. Hacer tus propios juguetes de madera
- 10. Hacer jabones y cremas naturales
- 11. Escribir poemas o cuentos cortos
- 12. Aprender a tocar un instrumento musical
- 13. Practicar yoga o meditación
- 14. Hacer tu propio huerto en casa
- 15. Aprender a hacer pan casero
- 16. Hacer tu propio vino o cerveza
- 17. Aprender a hacer cócteles
- 18. Hacer tus propios productos de limpieza caseros
- 19. Hacer tus propias velas aromáticas
- 20. Hacer tus propias salsas y aderezos

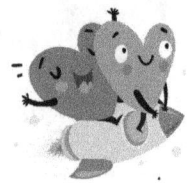 # 100
HOBBIES
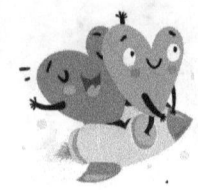

- 21. Aprender a cocinar comida vegana o vegetariana
- 22. Hacer tus propios helados
- 23. Aprender a hacer malteadas
- 24. Aprender a hacer sushi
- 25. Aprender a hacer comida de otros países
- 26. Practicar la jardinería
- 27. Aprender a hacer fotografía
- 28. Hacer videos de tus viajes o experiencias
- 29. Hacer tu propio blog o sitio web
- 30. Aprender a programar
- 31. Aprender a diseñar gráfico
- 32. Hacer animaciones
- 33. Hacer cosplay de tus personajes favoritos
- 34. Hacer tus propias máscaras y disfraces
- 35. Hacer tus propias prendas de vestir
- 36. Aprender a tejer o hacer crochet
- 37. Aprender a bordar
- 38. Aprender a hacer costura
- 39. Hacer manualidades con arcilla polimérica
- 40. Hacer manualidades con fieltro

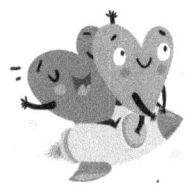 # 100 HOBBIES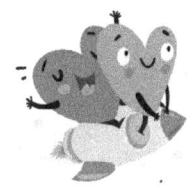

- 41. Aprender a hacer tarjetas de felicitación
- 42. Hacer tu propio álbum de fotos
- 43. Hacer scrapbooking
- 44. Hacer tus propias libretas o cuadernos
- 45. Hacer caligrafía o lettering
- 46. Hacer tatuajes temporales
- 47. Aprender a bailar salsa o bachata
- 48. Aprender a bailar tango
- 49. Aprender a bailar hip hop
- 50. Aprender a bailar danza del vientre
- 51. Aprender a bailar swing
- 52. Aprender a hacer acrobacias
- 53. Aprender a hacer parkour
- 54. Aprender artes marciales
- 55. Aprender a hacer malabares con fuego
- 56. Hacer graffiti o street art
- 57. Aprender a patinar sobre ruedas
- 58. Aprender a hacer skateboarding
- 59. Aprender a hacer snowboarding
- 60. Aprender a hacer esquí

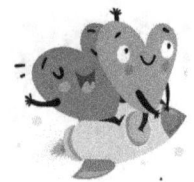 # 100 HOBBIES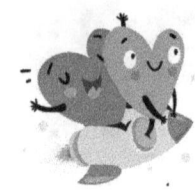

- 61. Aprender a hacer surf
- 62. Aprender a hacer bodyboard
- 63. Aprender a hacer kitesurf
- 64. Aprender a hacer windsurf
- 65. Aprender a hacer parapente
- 66. Aprender a hacer paracaidismo
- 67. Aprender a hacer vuelo en globo
- 68. Aprender a hacer vuelo en planeador
- 69. Aprender a hacer vuelo en ultraligero
- 70. Aprender a hacer vuelo en avión
- 71. Aprender a hacer vuelo en helicóptero
- 72. Aprender a hacer vuelo en simulador
- 73. Aprender a hacer carreras de drones
- 74. Aprender a hacer carreras de coches teledirigidos
- 75. Hacer tus propias manualidades con materiales reciclados
- 76. Hacer tus propios muebles con palets
- 77. Aprender a hacer trabajos de carpintería
- 78. Hacer tus propios objetos de decoración
- 79. Hacer tus propias lámparas y luces
- 80. Aprender a hacer reparaciones de electrodomésticos

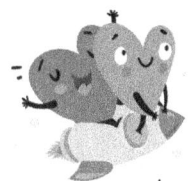 # 100 HOBBIES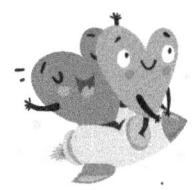

- 81. Aprender a hacer reparaciones de coches o motos
- 82. Hacer puzzles o rompecabezas
- 83. Jugar juegos de mesa o de cartas
- 84. Jugar videojuegos
- 85. Hacer crucigramas o sudokus
- 86. Aprender a leer cartas del tarot
- 87. Hacer trucos de magia
- 88. Aprender a hacer malabares con objetos diversos
- 89. Hacer juegos de malabares con amigos
- 90. Hacer carreras de bicicletas o de patinetes
- 91. Hacer senderismo o trekking
- 92. Hacer escalada o rapel
- 93. Aprender a hacer submarinismo o buceo
- 94. Hacer pesca o caza
- 95. Hacer tiro con arco o pistola
- 96. Hacer artesanías con cuero
- 97. Hacer artesanías con vidrio
- 98. Hacer artesanías con metal
- 99. Hacer artesanías con cerámica
- 100. Hacer manualidades con objetos de playa (conchas, piedras, arena)

BONO REGALO

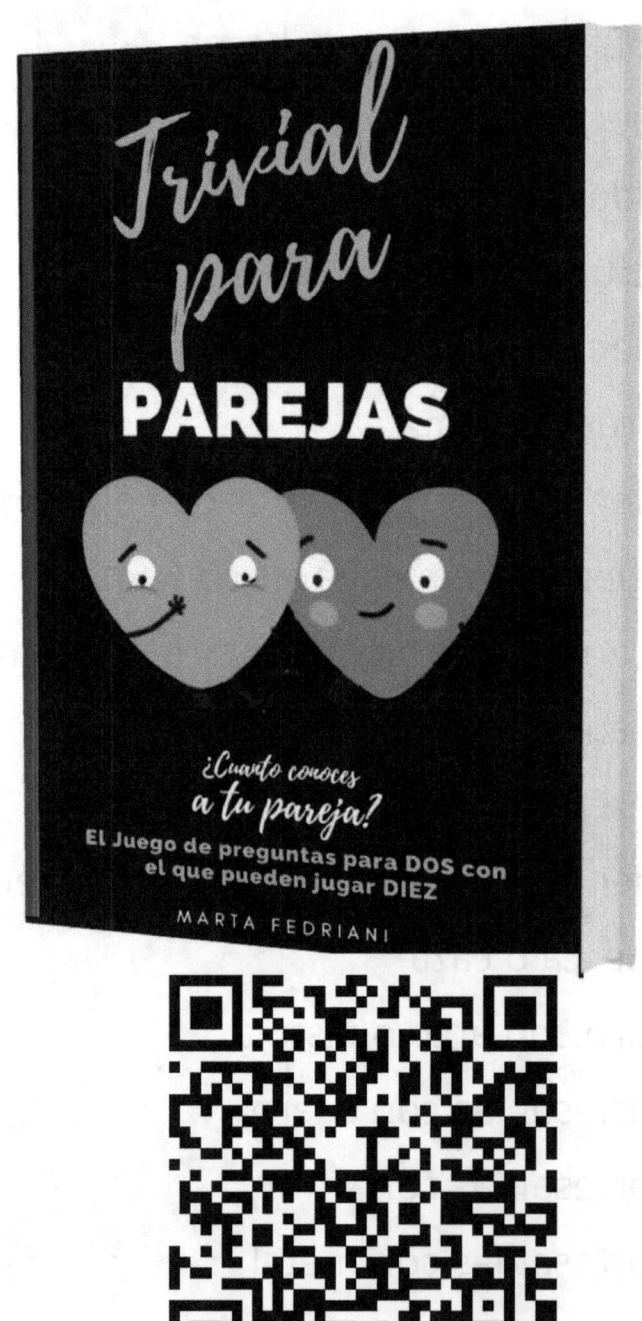

GRACIAS

Crear este libro ha sido una experiencia emocionante, y nuestra mayor satisfacción es saber que te ha brindado momentos inolvidables juntos.

Tu opinión es muy importante para nosotros

Si disfrutaste de este libro, nos encantaría saber lo que piensas. Dejar una reseña en Amazon no solo nos ayuda a crecer, sino que también permite que otras parejas como tú descubran este libro y se animen a disfrutar de la experiencia.

Tu reseña puede ser tan breve o detallada como desees. ¿Qué fue lo que más te gustó? ¿Qué plan te pareció más desafiante o divertido? ¡Nos encantaría leerlo!

¿Cómo dejar una reseña en Amazon?

Visita la página del libro en Amazon donde lo compraste.

(Puedes buscar "Escape Book para Parejas: Escápate de la Máquina del Tiempo" en la barra de búsqueda de Amazon.)

Haz clic en "Escribir una reseña".

Comparte tus pensamientos: ¿Qué fue lo que más disfrutaste? ¿Recomendarías este libro a otras parejas?

Califica el libro con las estrellas que consideres adecuadas. ★★★★★

¡Tu apoyo hace la diferencia!

Cada reseña que recibimos no solo nos anima a seguir creando nuevas aventuras, sino que también nos ayuda a mejorar y a llegar a más personas.

¡Gracias por tomarte unos minutos para hacerlo!

¡Gracias por ser parte de esta aventura!

Estamos deseando saber cómo te fue en esta misión. Y recuerda: ¡el amor y el trabajo en equipo siempre son la clave del éxito!

Con cariño,

Marta